発達障害支援のコツ

広瀬宏之

岩崎学術出版社

目次

カバーデザイン……………吉野　章
写真協力…日本パウル・クレー協会

第1章　初回面接の要点

1　はじめに

発達障害支援のコツと題して、少しまとまったお話をしていきたいと思います。

はじめにお断りしておきますが、今日お話しするのは、発達障害の知識や発達支援の技法というよりも、発達支援にあたってのごく基本的な心構えや、支援に取り組む際のコツが中心となります。発達支援の知識や技法については、たくさんの参考書が出ていますので、そちらを参考にしていただければと思います。

さて、発達の支援にもいろんなやり方がありまして、ここでお話しするのは、面接を中心とした支援のイメージです。

面接というのは、どんな職種でも使う方法だろうと思います。いわゆる face to face の、面接室や相談室あるいは診察室という設定の中で、発達障害の子どもを支援する、そうして、それだけではなくて、ケース全体の支援をどう進めていくか、そんなお話をします。

それから、われわれ支援者が成長・発達していく、あるいは、スキルアップするためにはどのようにしていったらいいだろうか、というお話もしていきます。

ここで、われわれ支援者がスキルアップするのは、われわれのためというよりは、ケースに利益を還元するためなのです。われわれがスキルアップして、ちゃんと役に立つ支援者になることで、ケースの人に利益還元をしていくことが目的なのです。そのような観点から、われわれプロフェッショナルとしてのトレーニングについてもお話ししていきたいと思います。

構成としては四つからなります。一つ目が初回面接のこと、二つ目が発達障害について、三つ目が支援の実際で大切にしたいこと、そして四つ目がわれわれ自身のトレーニングという内容で、お話をしていきます。

さて、言うまでもありませんが、対人支援ができないと発達支援もできない。つまり、発達障害の支援の原則は、対人支援の原則とかなり重なります。ですから、まず対人支援の原則の話をしてから、発達支援の話をしていきます。

対人支援をするには、対人コミュニケーションも大切です。対人支援の前提として、適切な対人コミュニケーションが必要とされるのです。

つまり、人と人とのコミュニケーションができないと対人支援はできませんし、発達支援もできない、ということになります。

こんな当たり前のことを言うのは、それがちゃんとできていない専門家が少なくないからです。対人コミュニケーションがあって、対人支援があって、最後に発達支援がくるという、当たり前の流れを、しっかり意識しておいてほしいと思います。

2　支援の階層性

まず生き物として、人間として

同じように、支援の順番も大切です。支援の順番、より正確に言うと、支援の階層性と言った方が良いかもしれません。

われわれは発達支援を専門として仕事をしていますけれども、専門家としての技術支援というのは、実は最後に登場してくるものです。

ここで、専門家というのはどういう存在かというと、生き物としてできること、人間としてできること、社会人として当たり前のこと、これらがすべてできて、そして専門家としての技術支援もできる、それが真の専門家です。

支援の中で発動されるべき順番はこの通りであって、決して反対ではないのです。

人間として当たり前のこと、社会人として当たり前のこと、それらがあまりに疎かにされ、専門技術ばっかり追求している専門家もどきが少なからずいて、嘆かわしい限りです。まず、生き物として、人間として、社会人として当たり前のことをきっちりやるということが大切だと思います。

最初のケース

少しエピソードをお話しします。僕が医者になったのが一九九五年、もう四半世紀近く前です。小児科に入局して、大学病院で最初に受け持ったのが、六歳の摂食障害の女の子でした。その頃から心療内科とか小児の精神に興味があったので、最初にそういう子を受け持って、何か不謹慎な言い方ですけど、ちょっと嬉しかったんです。

当然、専門家としての技術は何も持っていませんので、一生懸命子どもと遊びました。お母さんの話も一生懸命に聞きました。そうしたら治ったんです。何も、専門家としてはやってないんですけど。

八月のある日曜日、忘れもしません。その日から突然に食べるようになって、けろっと治っちゃったんです。

今から思うと、摂食障害といっても、恐らくアスペルガーの二次障害のような状態だったのではないかな、と思うんですけれども、そんなこと、当時は全く分かりませんので、ただただ、がむしゃらにやっていました。

初心者ってそういうものだと思います。最初は一生懸命。一生懸命以外に何も武器はありませんからね。そのケースとはいまだに年賀状のやりとりをしていますけども、僕にとっては「最初の先生」です。

次の年の冬、同じ大学病院にいた頃に、二人目の摂食障害の女の子を受け持ったんです。その子は、今から思うとネグレクトなんです、お母さんのネグレクト。そうして、その子のリクエストは、毎日一緒に散歩をしてほしいということだったんです。

今から思えば、その散歩っていうところに、その子のキーワードがあったんだと思うんですけど、当時はそんなこと思いもつかない。まだ専門家としての知識も技術もありませんから、ただ一生懸命散歩をして、そうしてお母さんの話を一生懸命聞こうと思った。

そしたら、お母さんはめったに面会に来ないんです。あれ、どうしたもんかな、と思っているうちに、何かの事情でその子は退院しちゃって、それっきりになりました。

数年後、成育医療センターにいって、摂食障害の子を何人か受け持ちました。だけど、治ったのは、大学で診た最初の一人だけです。あとは全然治らないんです。

今から思うと、摂食障害は治るというのがゴールではないんですが、当時は治すことだけしか考えていなかった。何とも浅はかですね。

ともかく、最初は素人に近い状態で一生懸命やってうまくいった、だけど、そのうち一生懸命やってもうまくいかないので、いろいろ勉強するようになった、と。専門家になるには誰でもそういうような順番があるわけです。

ところが、勉強し過ぎて、専門家の知識が身についてきて、人間としての一生懸命という姿勢がなくなっちゃうと、良くないんです。

普通の人間としての感覚が大事

リストカットなんていうのがあります。リストカットは、ちょっと勉強すると、いろんな意味があるってわかってくるわけです。本当に死ぬ気はないんだろう、人がいないとこじゃ切らなくて、人がいるとこでしかやんないんだから、どうせあてつけなんだろう、というような専門家としての知識が入ってくるわけです。

でも、ああまたやってるよ、見え見えだよね、って専門家の知識だけで対応するようになっちゃうと、支援としては駄目なんです。

リストカットしているのは、やっぱり心がつらいんだろうなって、切っても痛くないっていうけど、やっぱり痛いんだろうなって、人間として素直に思う。痛いけど、リストカットの痛みのほうが、まだましなんだろうなって。大体、自分で自分のこと傷つけるなんてしんどいに違いないはずだよね。そういう、人間として、生き物としての気持ちが大事なんです。

そうして、手首を切って血がだらだらと出ていたら、ちゃんと包帯を持ってきて手当てをする。場合によっては救急車呼んだり、病院に連れていったりなんていうことも必要かもしれない。まず、そういう普通の人間としての感覚が発動されることが大切です。

そうではなくて、どうせリストカットだからね、なんていうのは、アウトなわけです。人間として、社会人として、専門家としての順番で支援が発動されるのです。

でも、素人としてばっかりでは芸がない。専門家としての対処も必要な場合がある。なので、さまざまな理論や技術を勉強していくのですが、それは後の話です。

ケースと接している自分をモニターする

そこで、もう一つ大事なことは、自分がこのケースと接しているときは、どういう自分がこのケースと接しているんだろうかっていうことを、モニターすることです。人間として接しているのか、社会人としてなのか、専門家として治療しているのか。ちなみに、ここで自分が何をしているのかをモニターするのは、専門家としての自分だろうと思います。

外来でも、身の上相談みたいな面接がいっぱいあるわけです。そんなの、別に外来で医者相手にする相談じゃないなあ、とか思いながらね、ただ話を聞いているだけ。これじゃあ医師免許要らないし、別に近所のおばちゃんでもいいだろうに、なんて思うのですが、それを言っちゃあ支援にならない。だからしばらくは、フンフン言いながら傾聴しているわけです。

だけど、身の上相談ばっかりやっていては、やっぱりバランスとしては悪いわけです。「ところで、お子さんの不登校ってどうなりましたっけ」なんて、そこでバランスをちゃんと元に戻すっていうところも、専門家としての一つの腕だろうと思います。

3 支援の対象と手段

支援の対象は子どもなのか親なのか

次に、支援の対象と手段についてお話しします。

小児科と言ったって、支援の対象は子どもだけではないんです。そもそも、僕は大人が苦手で小児科医になったのに、なってみたら、話す相手はほとんどがお母さんだった。しかも、物言わぬ自閉症のお子さんを専門とすると、話す相手はもっと大人ばかりなんです。

なので、支援の対象が子どもなのか大人なのか、ケースの本人なのかその親なのか、ということを改めて考えてみる必要があると思っているのです。

今日はキーワードが六つ出てきますが、その一つは「スペクトラム」です。連続体と訳されますが、もう少し臨床に即して言えば、切れ目がないということです。

支援の対象もスペクトラムです。子どもなのか親なのかではなくて、どっちもなんです。どっちもなんだけれども、子どもと親、どっちのほうをメインに支援すべきか、あるいは、どっちのほうが上手に支援できるのかを考えていくんです。

それはもちろんケースの状態や特性にもよります。思春期の女の子で、頑として心を開いてくれないような、面接に来てもずっと下向いてむっつり黙っているというような場合は、やっぱりお子さんというよりも大人や親を対象にしなきゃいけない。さっきの拒食症の子みたいに、親は一切来ないなんていうときは、子どもを支えなきゃいけない。

支援者が、自分はどちらが上手に支援できるかなっていう、自分の資質を見極めて意識しておくことも大切です。繰り返しになりますが、支援の対象は両方なんです。両方なんですけど、このケースの場合はどっちをメインとして支援していくか、あるいは、今の僕はどっちをメインに支援していくのかを考えるのです。

もちろんそれは、成長とか発達とか治療の経過でも重みが変わってくるわけです。最初は子ども中心の支援だったのが、子どもが元気になって回復してきて反抗的になって、親がしんどくなってきたら、今度は親を支援するわけです。だから、スペクトラムっていうのはそういうことで、どちらか決めつけないということです。

施設によっては、親担当と子ども担当を分けているところがありますね。いろいろな経緯でそうなっているのだろうと思うのですが、一人の支援者が親子両方を見るようにする方が良い場合が多いだろうと思います。何より、ケースの側での混乱が少なくなりますし、支援者の腕も上がっていきます。親と子どもに分けるのはいろいろな意味で人工的な、やむをえない工夫だと思います。

支援の手段は言語か非言語か

次に、支援の手段も考えていきます。通常のカウンセリングや心理療法・精神療法は、基本はバーバル、つまり言葉のやりとりで相談をしていきます。だけれども、発達の道筋は、ノンバーバルからバーバルに進むわけです。だから、われわれ子どもの支援者は、非言語的な支援がちゃんとできて、言語的な支援もできる、両方できないといけないんです。

ただ、どっちかって言うと、発達の支援はノンバーバルがメインです。子どもが相手ですから、言語でアプローチできることっていうのは少ないです。よっぽど頭のいい、言語的能力の高い子であれば別ですけれども、大抵の場合はノンバーバルの支援が中心です。もちろん、その子のレベルに合わせた言葉のチョイスをしていくのも、支援の腕としては重要です。

ですので、支援の手段として、言語でいくのか非言語でいくのか、もちろん、これもスペクトラムですけれども、皆さんがそれぞれで考えていただけるといいかな、と思います。

4　最初が肝心——共同作業と成功体験のはじまり

出会った瞬間から支援が始まる

次のキーワードは「共同作業」と「成功体験」です。

そのためには最初が肝心です。もう最初の瞬間から支援が始まっている、そうなるように修行してほしいと思います。

最初の瞬間がいつなのかもいろいろあります。一般的には、直接に出会った瞬間ですけれども、電話での申し込みっていうのがあるかもしれません。それから、クライアントの人が、こっそり下見に来てるかもしれない。反対に「今度あの人、相談に行くからね」って言われて、われわれのほうが教室に行ってこっそり出会っているかもしれない。

いろんな最初の瞬間がありますけど、出会ったその時からもう支援が始まるようにしていくと、腕が上がると思います。

成功体験に向けて一緒に考えていく

そのためには、最初の瞬間から、クライアントと支援者で共同作業をしていく必要があります。主訴を共有する、たとえば、困っていることの内容や対策を一緒に考えていく。

内容だけではなく、一緒にいるということ、共にあるという雰囲気も大切です。

下世話な言葉で言えば、この人なら信頼して任せられるかもしれない、というような思いを相手に持ってもらうことが大切です。うまくいきそうだなって感じてもらい、成功体験になっていきそうな雰囲気を醸し出していくことが大事です。

ただし、それが行き過ぎて、丸投げのようになっちゃったり、支援者にすべてを委ねられちゃったりされても、うまくいかないんです。

われわれの対象は病気ではなくて発達障害です。病気の場合は、原因を見つけて治していくことが目的になりますから、問題解決型アプローチでもなんとか対処できます。

でも、発達障害の場合「問題を持ってきた人」対「問題を解決する人」、あるいは「あなた困ってる人」「私助ける人」っていう構図にしちゃうと、たいがいはうまくいきません。

だって発達障害っていうのは、基本的には治るとかいうものではないですからね。治るというよりは成長、発達するものです。自閉症を治すなんて、少なくとも、今の医学では難しいわけです。

一方で、多くの親御さんは、専門家だったら何でも解決してくれるだろうと思ってくるわけです。それに対して、未熟な支援者が思い上がったりして、「私に任せなさい」となっちゃうと大変なのです。何が起こるかというと、問題が解決されなかったとき、大きなトラウマとなるわけです。最初の期待が強ければ強いほど、それが崩れたときの傷つきは大きいわけです。

なので、成功体験に向けて「一緒に」考えていくという共同作業が良いのです。

ただし、希望を打ち砕いてはいけません。正直に「いや、何でもかんでも私が治せると思ったら大間違いです」なんて言っちゃうと、二度と来なくなっちゃうわけです。やはり、うまくいくように一緒に考えていきましょう、というような構図がいいと思います。

5　相談の前を考える

それから、「相談の前」これを考える癖も身につけてください。

相談に来る、親御さんが相談に来る、子どもが相談に来る、時には他業種の専門家が相談に来る。実際に相談に行かれた方は分かると思いますが、相談に行くということはとても心細い。かなり思い惑ってから、ようやく相談に来るわけです。

どうしよう、どうしようって悩んで、躊躇して、迷って迷って、「何で今ごろ来たの？」とか言われるんじゃないか、「お母さんのやり方が悪いんじゃないか」って怒られるんじゃないか。ためらってためらって、でも、やっぱり困っているから来るわけです。

その時、とかく困っていることばかりにスポットが当てられがちですが、それだけではいけない。何でも、相談に来る前には「困っていること」と「相談へのためらい」の天秤があって、「困っていること」の方に天秤が傾いたから相談に来るわけです。

相談に行くのは不安だし怖いけど、困ったままだと大変なので、やっぱり、なんとかしたいという思いが上回るのです。ですので、ゆらゆらしている天秤の、その両方を考えなければならないのです。

一を聞いて十を知る

でも、実際で言えば、相談の前を考えたところで、答えはなかなか分かんないんです。たとえば、相談に来た人に、「どんな気持ちでいらっしゃいました?」って聞いても、上手に言えない。だけど、こちらが、どんな思いで相談に来たんだろう、って考えていれば、やっぱり、一緒にあるっていう雰囲気が伝わるんじゃないか、そんなふうに思います。

そしてそれは、四つ目のキーワードの「フラクタル」っていうことにもつながるんです。フラクタルっていうのは、部分の中に全体像がにじみ出ているというような、幾何学の用語だったと思いますけども、一を聞いて十を知るみたいな、そういうようなイメージです。

ちょっとしたパーツから全体像を推測する、たとえば、ちょっとした相手の表情の変化とか、相手の言葉尻とか、部分から全体を想像する、こういう癖を、ぜひつけてください。

ここで言えば、相談に来た最初の様子から、相談の前を想像して考えていく癖をつけていくようにするのです。そうすると腕がすごく上がります。

6　先入観はあってよい

大事なのは先入観を随時修正すること

それから、先入観についてです。

これにも「間違った先入観」があって、先入観は良くないから持たないようにしましょうっていうんです。だけど、そうではないんです。先入観を持たないようにしようというのは、もうそのこと自体が先入観になっちゃうわけですね。「先入観を持たない」という先入観ですね。

たとえば、学校なんかで学年が上がる時の引き継ぎってありますよね。前の先生からの情報を読んで参考にするわけです。かつて「俺は先入観を持ちたくないから見ないんだ」なんて公言してはばからない先生がいて、大事な情報をむざむざ捨てているような感じで、思い上がりもいかがなもんかなと思ったことがあります。先入観と大事な情報とを混同しているとしか思えませんね。

あるいは「診断名を聞いちゃうと、それに左右されて特別扱いをしなくてはいけないと思っちゃうから、診断名は気にしないで、自分はフラットに子どもと接するんだ」なんておっしゃる先生、これも少なからずお目にかかります。

フラットにということは、みんな同じで画一的ということにつながります。けれども、大切なのは「一人一人のニーズに合わせた支援」ということですから、診断名を聞かないでフラットに接するというのは。悪しき平等主義にもつながりかねない。これもちょっと相当に腹立たしいわけです。ちなみに、平等ということを、みんな同じと勘違いしている向きが少なからず見受けられますが、そうではないんです。日本国憲法第二十六条にも「その能力に応じて、ひとしく教育を受ける権利を有する」とあるように、それぞれ一人一人に見あったことをしていくのが、真の平等なんです。

ともかく、先入観は先入観として持って良いけれども、大事なことは、それを随時修正していくことなんです。「どんなすごい人が来るんだろうって思ってたけど、来てみたらそうでもないなあ」とかね。先入観を持たないようにしようってこだわるのではなく、先入観を持ちつつも、それを柔軟にアップデートしていけばよいのです。

支援者が自分の認知や感情を意識する

同じようなことが、中立性とか転移・逆転移という現象にもあてはまります。転移とか逆転移っていうのは精神分析の用語で、すごくざっくり言いますと、転移感情というのはクライアントが目の前にいる支援者に対して持つさまざまな感情、たとえば「この先生とっつきにくいなあ」とか「父親に似て怖いなあ」なんていう感情です。

逆転移というのは、われわれ支援者がクライアントに持つ感情、たとえば「この人何か波長が合わないなあ」とか「何となくいらいらするわ」なんていう、支援者が持つ感情です。

ここでお話ししたいのは、支援者側の気持ちです。これについていうと、中立性という言葉が間違って一人歩きしていると思うんです。きっと、あまり気持ちが揺さぶられないように、支援者がいちいちぶれないように、って教えがあるんでしょうね。

たとえば、ワーワーいろいろなことを言ってくる親がいる。いちいち「うわっ大変、どうしよう」って動揺してばかりいると、こちらが持たない、身も心も持たないから、何言われても、「うんうん、はいはい、分かりました、はい、ええ」って、何かロボットみたいに「はい、対応します。協議します」みたいな、ぶれないスタンスを貫く支援者がいる。

これはぜんぜんです。だって、何を言っても「暖簾に腕押し」のような感じで、相談している側としても生身の人間に触れている感じがしないですね。共同作業の雰囲気など、到底生まれてこないんです。

ここでも、自覚とバランスが大事です。このクライアントだと、どうしても何かざわざわしちゃうんだよなって、自分のぶれとか、何となく腹が立つという気持ちを自覚しておいて、その上で、支援者のスタンスがあまり極端に走らないようにって、意識していればよいのです。

クライアントに腹を立てちゃいけないって暗黙の教えがあるかもしれませんが、そんなことはないんです。一番いけないのは、支援者が自分の感情を意識していないことです。自分はこのクライアントに腹が立っているけれども、それを見ないようにして、気持ちを抑圧しちゃうことです。そうすると、ふっとした言動の端々に、そういう気持ちが滲み出ちゃいます。そうじゃなくて、自分の気持ちに素直になって、何となく嫌だなっていうのを意識しておけばよい。

逆もそうです。「何か気になっちゃって、この人には親切にしちゃうんだよね、私。何かほっとけないいんだよね」って。それもやり過ぎるとバランスを崩しますので、自分の気持ちの揺さぶられ方とか、相手への感情をちゃんと自覚しておくことが大事です。何でかっていうと、それが多分、相談や面接、あるいは、カウンセリング場面での、唯一無二の大切な指標なんです。

メンタルに問題のある、特にボーダーライン系のお母さんや保護者と関わるときというのは、特にそうなんです。「何となく大丈夫かなって思うんだよね、あのお母さん」とか「何かざわざわして、いやな予感がするんだよね」なんていう自分の思い込みとか気持ちっていうのは、大抵あたるんです。「ああ、やっぱり子どもを虐待して、児童相談所に通告になっちゃったね」みたいな。だから、自分の認知とか感情というのをちゃんと意識して、しかも、それを時々刻々修正していくことが大切なんです。「あれ、大丈夫かな、大丈夫かな……大丈夫だったね。じゃあ、ちょっと取り越し苦労だったのね」みたいな。あるいは「あんなにいい親だって思っていたのに、そうでもなかったね」みたいな。

そういう、ちゃんと認識して、それを修正していくということが大事なんだろうと思います。最後にも言いますけれども、自分の認知のくせを自覚しておくことも大事なんです。

7　待合室に呼びに行く

さて、面接の始まりです。

何がって、待合室に呼びに行くことがものすごく大切なんです。もちろん、これは面接をする場面やセッティングにもよると思います。

僕はもともとは医者なので、医者なんかの外来だと待ってる人がいっぱいいるので、ピンポーンとか鳴らして「山内さん、お入りください」って言って、ガラガラって扉を開けて入ってきて、「今日はどうされましたか」っていうのがスタンダードなわけです。

でも、われわれが面接をする時はそうではなく、クライアントが待っているスペースに呼びに行ってほしいと思います。その呼びに行く、出迎えに行くという行動は、大きな意味を持つからです。

相手にしてみれば、不安な気持ちでぽつんと座って待っているわけです。ピンポーン、次は僕かな？……「山内さん」って呼ばれて、ああ、って入ってくわけです。入って行く瞬間は、不安や緊張で心臓がバクバクしているわけです。

そうじゃなくて、こちらが出向いて呼びに行くんです。もちろん、反応はさまざまです。呼びに行くと「あ、来た……」みたいな感じで、相手の方が緊張することもあります。だから、呼びに行った時の相手の反応を見て、寄り添って一緒に部屋に入ってくか、呼びに行って顔だけ見て、さっと部屋に戻ってきちゃうか、それはそのときの相手の反応によるんです。

「観察しながらの関与」

呼びに行くことで、出迎えということができます。観察もできます。見立てもできます。そして、うまくいけば、「じゃあ、一緒に行きましょう」っていう、共にあるという雰囲気を作りながらの支援もできます。ここにあるのは共同作業と相互関係です。

ちなみに、五つ目のキーワードは「相互関係」です。こちらと相手と、両方の関係を作ったり観察したりする絶好のチャンスですから、ぜひ呼びに行くといいと思います。

「関与しながらの観察」という、サリヴァンの有名な言葉があります。でも発達支援では「観察しながらの関与」って言う方がピタッとくる感じがします。観察して、じゃあ、どうしようかなって考えて、関わる、関与の行動をしていくわけです。

そうして、やってみて、つまり関与してみて、相手の出方を見て、また観察をする。それを小まめに小まめに重ねていく。観察して、声掛けをしたり、言葉掛けをしたり、行動したり、また観察したりして、絶えず繰り返してやってくわけです。

これも後で、抱えと揺さぶりのところでお話ししますが、発達支援の場合は、もう観察がすごく大事です。観察だけでもいいぐらいです。だって、発達障害の人は、発達するわけですから、適切な環境さえあれば発達するわけですから、そこは病気と違うわけで、下手に関与しないほうがいい場合もあるわけです。

ちゃんと関与する場合には、的確に観察をして、アセスメントをして、これならＯＫだっていうのが分かって関わる、関与すればいいわけです。

でも、なかなかそういうピタッとくる関与の方法は見つかりません。発達の場合は、やっぱり観察することがメインだろうと思います。

ただ、お母さんをはじめ、周囲の関わりがあまりうまくない場合は、支援者が子どもと関わることで、子どもの発達にもつながるし、関わりのロールモデルにもなります。

観察と関与もスペクトラムで、どちらに重きを置くかについては、ケースの状態や発達次第で臨機応変にバランスをとっていく必要があるんです。

観察と関与のバランスは、支援者にもよります。僕はどっちかっていうと観察してるほうが得意かなと思ってるので、そうすることが多いです。けれども、天性の支援者っていうのがいるんです。何か上手に子どもと遊んで、上手に発達を伸ばして、そう、佐々木正美先生なんかそうですよね。本当に天性の支援者だと思います。

もちろん、観察もしているんですよ。ものすごく細やかに観察をされてるんですけど、多分もう自動的に観察して、この子にはこうってぱっとなって、的確に関与するんです。

そういう天才肌の人でない限りは、やっぱり観察をちゃんとする。ここでも、自分がどっちが上手なのかを意識することが大事だと思います。

8　観察のポイント

さて、観察のポイントはこの3つです（表1）。

生理現象はうそをつかない

一つ目は生理と行動と言語という分け方です。この生理っていうのは、具体的には顔色とか表情とか、あと皮膚に触れないとモニターできませんが、心拍数とか血圧とか、生体の状態のことです。これが一番本物で、いのちの真実に近いのです。

なぜかというと、生理現象は嘘をつけません。ちょっと脈を取ってみると、すごいバクバクしてたりします。そういうのって、なかなか嘘がつけませんね。

あの人、いつもにこやかだけど、目は笑ってないよね、なんていいますね。目は笑ってない、これも真実の生理現象です。逆もあります。怖そうな顔してるけど、目は優しいんだよねみたいな。そういうのって、よっぽどの名優でな

表1

観察のポイント
その1：生理（顔色や表情）・行動（動き）・言語（内容と構造）
その2：親との関係性・周りとの関係性
その3：自発（介入前）・誘発（介入後）

い限りは正しいです。

生理的な生体の状態って、その根っこにある気持ちを表現しているものとしては一番正しいのです。そこを見逃さないで観察していきます。

行動とか言語っていうのは、嘘がつけます。嘘がつけるっていうと言い過ぎかもしれませんが、修飾できます。言葉なんていくらだって修飾できます。おなか痛いんですとか、頭痛いんですとか、言葉で言っているけど、本当かなって思うことがありますよね。

行動もそうです。リストカットなんていうのは裏腹の行動ですから、死にたくないんです。死にたくないんだけど、死んでやるとか、自殺してやるとかですね。

周りとの関係性

二つ目は周りとの関係性です。子どもと親、子どもと周りの関係性を観察します。自閉の子ども、被虐待の子どもなんていうのは、周りとの関係性にはっきり特徴が出ます。

自閉なんか一番分かりやすいですね。目が合わないとか、それから、何かものの見方、周りとの関わり方が独特とか、そういう周りとの関係性をきちんと観察する。ベテランの支援者は、街でちょっとすれ違っただけで自閉かどうか瞬時に見極めています。それは、こういうところを観察しているのです。

ちなみに、自閉は目が合わない、というのは正しくありません。「この子は目が合うから自閉ではない」なんて言う人もいますが、それも正しくありません。もちろん、カナー型の自閉症の初期は目が合いません。でも、だんだん合うようになっていきます。ただし、合わせ方が一般とは違っているのです。一瞬しか合わなかったり、反対に合いすぎたりするんです。

被虐待の子どもは、やはりなんとなく寄る辺ない警戒感がにじみ出ています。対人関係を求めているけれども、切ないまでにそれを求めているけれども、絶えず裏切られてきたというような、寂しさの混じった、警戒感です。

介入後の変化を見る

それから、三つ目はすごく大事で、しかも、ないがしろにされていることです。自発と誘発、つまり、介入前と介入後です。

さっき、待合室に呼びに行くっていう話をしましたけども、うちのセンターの場合は、受付の裏からさりげなく待合室を観察できるようになっているんです。相談や診察にいらっしゃった親御さんが、待合室で待っている様子を、こちらは何となくぼうっとしてるふりをして観察をしてるんです。何でかって、介入する前の状態と、介入した後の状態は全く違うからです。

最初は見られていると思っていないから、素の状態ですね。ところが、一旦呼んじゃうと、もう別の姿になっちゃうわけです。「山内さん」とかって呼ばれると、あ、見られてるなと思って、見られてると思うと、もうよそ行きの顔になるわけです。

介入前の待合室での状態を見ていると、「あのお母さんつねってたよ」とか「きつい言葉で怒鳴ってんだよね」とか見えてきます。親子の距離感もよくわかって、何となくよそよそしい感じが出ているとか、逆に思春期の男の子なのにお母さんとべったりくっついて手握ってるとか。

そういう誰からも介入されない素のままの状態って、あんまり観察できないし、観察しようともしないんです。どっかで、われわれに見られてないというような状況で観察ができるといい。そして、われわれが介入した後の変化も見る。これも観察のポイントです。

9　最初の言葉かけ

まずは挨拶と自己紹介

そうして、部屋に入ってくるわけです。

ここでの最初の言葉かけは、共同作業と相互関係の大きな第一歩です。すでにお話ししたように、言葉をかける前から共同作業は始まっているわけですが、はっきりとした形をとった共同作業は、最初の言葉かけからになります。

定石は挨拶と自己紹介です。たとえば「おはようございます。小児科の広瀬です。よろしくお願いします」なんて言います。でも挨拶をしない人が結構いるんですね。びっくりです。初めての人に会って、社会人として、いや人間としてどうかと思います。やっぱり、挨拶と自己紹介はするのが良いと思います。

一方で、ロボットのように機械的な挨拶をする支援者もいます。一日に何十人も面接している人に多いですけれども、相談者にしてみればまさに一期一会なわけです。やはり、人間として心が通いあうような挨拶は、共同作業の第一歩として不可欠でしょう。電車のアナウンスのような、何か、ただの決まり文句が飛び交うだけだと、共同作業の雰囲気にはならないわけです。

もちろん、親だけでなく、子どもにも挨拶をします。これは言語的なものとは限りません。目を合わせたり、手をあげたり、ニコッとしたり、相手の発達や緊張度合いに応じたやり方で、第一歩を踏み出します。

さて、面白いことに、これへの反応も千差万別です。お母さんたちからは意外と普通に挨拶が返ってくるんですけど、お父さんたちの反応が面白い。

「あ」とか言って座っちゃうお父さんとかね。「あ」じゃないだろと思うんですけど。無言でそっぽ向く人もいます。それもアセスメント上では重要な情報です。「山内の父親です。お世話になります。よろしくお願いします」って言わないんだな、って思いますね。

それは別に批難するんじゃなくて、そういうお父さんなんだ、っていうアセスメントなんです。緊張している可能性もあるし、対人が苦手な発達障害がある可能性もあるし、こんなところ来たくはなかったという無言の抵抗の可能性もあるわけです。

子どもの反応は、もっと千差万別です。小さい子どもの場合、警戒感の程度と、距離感の遠近がポイントです。いずれも程よい程度でないと、重要な所見になります。

「今ここで」と「近くから遠くへ」が原則

さて、共同作業の雰囲気を作り出すには、臨機応変がとても大切です。なので、最初に挨拶や自己紹介をしない場合もあります。

たとえば、このあいだすごい雪の日がありました。電車のダイヤがぐちゃぐちゃで、道路もぐちゃぐちゃで、「来るかな、大丈夫かな、来れるかな、わーすごい雪が降ってる」とか思いながら、外を見て待っていた。

そこで、ちゃんと来た人には、最初に自己紹介するんじゃなくて、「すごい雪ですね。大丈夫でした?」って、「今ここで」の共通項から入って「車とか大丈夫でした? 電車止まってました?」「いや、何とか動いてました」みたいな。そういう「今ここで」の話をするんです。

その後に「すいません。申し遅れましたけど、小児科の広瀬です。よろしくお願いします」って。もう、そこの最初のやりとりみたいなのが、とっても重要なんです。

僕は落語が好きで、特に立川談志が大好きで、この間もちょっとドキュメンタリー番組を見てたんですけど、面白い話がありました。

落語にマクラってえのがありますね、最初の導入。高座に入ってきて、「毎度バカバカしいお笑いを一席」みたいな、お客さんの心をつかむのがマクラです。

あのマクラで、時事問題というか、今の世の中の話題を使うようになった最初が立川談志なんだそうです。昔はマクラも決まっていて、たとえば「芝浜」ならこのマクラって、決まっていたんだそうです。決まっているマクラを聞きに行く面白さってのも、もちろんあるわけです。

だけど、そんなんじゃ客の心はつかめねえ、っていうんで、談志は「今日はすごい雪だってね」みたいなつかみ。「よく来たね。暇なんだね、みんな」とかって言って、ぐっとつかむわけです。「雪降ってたら落語以外行くとこねえんだな。しょうがねえな」とかって言って。もう一瞬で爆笑の渦です。

そういうつかみって、すごく勉強になるんです。あとで話芸の話をしますけれども、しゃべくりで飯を食ってる人たちの共同作業の雰囲気を作る能力って、面接にとっても勉強になります。

原則は、「今ここで」と「近くから遠くへ」です。つまり、いまの場にできるだけ近い話からスタートするのが原則です。もういきなり「じゃあ、赤ちゃんのときのことからお話聞かせてもらいましょう」って言っても、全然、共同作業にならないわけです。時系列に沿った病歴聴取はあとの作業ですし、それは次にお話しします。

出会った瞬間にアセスメントが八分通り終わっている

さて、ここまでで挨拶と自己紹介をして、「じゃあ、お掛けください」って言って始まるわけです。そこでの理想はこうです。

つまり、「この人こういう人だな」とか「子どもは自閉スペクトラム症で、知能指数は七十ぐらいかな」「お母さんはそんなに特性はないけど、お父さんは少しありそうだな」とか、そういうアセスメントができていること理想です。たかだか数分で、ほとんどのアセスメントが終わっているのが理想です。

理想だから現実じゃないですよ。だけど、ここまででアセスメントの目星がついていることを目標にしてやっていくと、ものすごく腕が上がります。ただし、これっきりで修正しないと、固着した、ただの先入観ですので、後々情報をとって、修正していくんです。

もっと言うと、出会った瞬間に大体アセスメントが八分通り終わっている、というのが僕の理想ですし、それを目指して日々修練していると腕が上がると思うんです。

10　どう聞いていくか・何を聞いていくか

近いところから断片を集める

これと同じことは、何をどう聞いていくか、ということにも当てはまります。つまり、共同作業としての情報収集はどうしたらうまくいくか、ということです。

一般に初心者は、必要な情報を項目立てて聞いていくよう指導されます。小さい頃から順番に、「じゃあ、赤ちゃんの頃はどんなでしたか?」とか「しゃべったのはいつでしたか?」とか「予防注射ではどうでしたか?」とか「幼稚園行ったときどうでしたか?」など、時系列に沿って情報収集をしていきます。

発達に関しては、聞く項目はだいたい決まっているので、最初はちゃんとこれをやらないと形が身につかない、とは思います。

だけれども、だんだん腕が上がってきたら、やっぱり「近くから遠くへ」っていう原則ですので、そっちにシフトしていきます。そうすると、情報を取りながら支援もできてしまうのです。

主訴が不登校だったら、「いつから行けてないの?」ってのは、少し遠い話になるわけです。そうじゃなくて、「今日はどうしたの?」って聞いていきます。

たとえば、午後の外来だったら、「午前中は学校行けたの? そう、昨日は? そうか、じゃあ、この前、学校に行ったのはいつ?」みたいに、だんだん遡っていくわけです。「そしたら、いつぐらいから学校に行けていないの?」とか聞いていきます。

われわれは専門家なので、教科書的に一ページ目から順番に聞いていく方がすっきりするかもしれませんが、聞かれる方にしてみれば、やっぱり思いが強いところから話したいわけです。不登校の親に「赤ちゃんの頃どうでした?」って聞いても、「それ何か関係あるの?」みたいな話になるわけです。

だから、雑談をしているようで、でも、近いところから聞いていって、いろんな断片を集めて、そこから最終的に物語を作っていく。共同作業の雰囲気を保ちつつ、一つのストーリーを作ってくようにする方が、やっぱり腕が上がると思います。それが一つです。

対処行動を聞く

それから、会った最初の瞬間から支援が始まるように、ってお話をしましたけれども、これはつまり、情報収集がそのままサポートになるように、っていうことです。

僕はいつも、「そんな時どうしたんですか？」って聞くようにしています。もう何とかの一つ覚えで、困っていることに対して、親や子どもがどう対処してきたかを聞く。つまり「主訴への対処行動を聞く」というのを原則にしています。

「うちの子なかなかしゃべんないんです」ってきたら、「そんな時、お母さんはどうしてんの？」って聞いてみます。すると親は「何とか子どもの言いたいことをくみ取ろうと思って、一生懸命に頭を使ってんです」って返ってくるかもしれません。

次に、子どもの対処行動も聞いてみます。「そうだよね。じゃあこの子はうまく伝わんないときどうしてんの？」「親の手を引っ張って、こうやります」「それなら伝わっていいね」みたいな感じです。

そして、「それでいいじゃん、とりあえずそれでコミュニケーションになっているよね」みたいな流れで返していきます。親と子の対処行動に、とりあえずポジティブな強化をするんです。「うちの子空気が読めないので困ってるんです」だったら「お母さんはどうしてんの？」「私が説明してます。状況を解説して、空気の読み方を教えています」とかです。

ちょっと前に、ある子どもが「僕、空気読めないんだよ」って言うから「君はどうしてんの？」って聞いたら「一生懸命周りを見て観察して、学級委員の山内君の行動を見てるんだ。山内君を見て行動すれば大体あってるんだよ」って感じです。「それはいい方法だね。いいやり方を見つけたね」って言って。これだけで、もう十分な支援ですね。

困ったことに対して「あなたどうしてるの？」って聞いて、相手がまずまずの対処をしていれば「それでうまくいってるね。なかなかいいね」って、もう、それなりの支援になると思います。ちょっとしたやり取りだけだって、確かな支援になります。

対処行動が上手くいっていなければ、あるいは、もう少しうまい方法があるかなって思えば、それをテーブルの上に並べるようにして、そこから一緒に考えていくわけです。「こういうやり方はどうかな」とか「こんなふうに考えてみたらどうかな」みたいな感じです。

一緒に考えていく、たとえば「こんなやり方できそうですか」とかが、共同作業になるんです。こちらから「こうしなさい」というのは一方通行になるので、極力言わないようにしているんです。

11　支援に必要な情報は何か？

「この質問はどんな支援に役に立つのか」自問自答してから質問する

でも、支援に必要な情報は洩れなく聞いていく。

さっき言いましたが、不登校の子にだって、赤ちゃんの頃のことや発達歴も聞くわけです。赤ちゃんの頃っていうのは今の発達とつながっているんで、われわれは聞くわけです。そこで大切なのは、なんでその情報が必要なのかを、相手に説明してあげることです。「あなた全体の発達がどんな感じかわかると、それが今の不登校っちゅうことに何かつながってくるかもしれないんで聞くんですが……」って説明して。ちゃんと聞いている理由を伝えればいいんです。そうすると、これも共同作業になっていくのです。

別の例でいうと、お母さんが外来に来て、若いお母さんで、何かちょっと派手っぽい感じのお母さんで、露出も多くて、お仕事は何してんだろうか？　とか思うわけです。そこで「お母さん、仕事何してんの？」って聞いちゃうと、根掘り葉掘りとか、興味本位で聞いてるみたいになってしまいます。これだとストレートすぎて、聞き方の工夫が足りないわけです。

だけど知りたいわけです。だって、お母さんの仕事が何かっていうのは、たとえば夜のお仕事してたりして、夜、子どもが一人きりで家にいるなんていうのは、やっぱり支援には大事な情報なわけです。

根掘り葉掘りとか、興味本位っていうのには、気をつけてないといけないけれど、その子の支援にどう役に立つのかって、自分の中でちゃんと説明がついていれば、それをちゃんとお母さんに伝えて、聞いていけばいいわけです。

横須賀は転勤族が多いんです。だから必ず聞くんです。「パパ、転勤とかないの？」っていきなり聞くわけです。きょとんとしてるんで、「ああ、うちの町は転勤の人多いから、もし引っ越すってなったら、引っ越したところでも支援につないでったらいいなと思うんで聞くので、ごめんね」って言って。そうすると「うん、半年とか一年ぐらいで転勤するんです」「ほら！」みたいな感じになるわけです。

大事なことは、自分の中で「この質問はどんな支援に役に立つのか」って自問自答してから質問する癖をつけることです。この癖をつけると、また腕が上がります。

具体的なイメージが湧くように質問する

それから、具体的なイメージが湧くように聞いていくことも大事です。たとえば、このあいだ万引きの相談を、学校の先生から受けました。万引きを何度もする子どもがいたわけです。その先生は、そのお子さんに万引きの状況を細かく具体的に聞いていました。

どこの店に行って、その時はどういう気持ちで、行動としては、きょろきょろしていたのかとか、監視カメラがあるのをチェックしたのかとか、盗ったあとはどうしたのかとか、盗った物はどうしたのかとか、もう逐一細かく聞いたんです。

そうすると、その万引きをした状況を、支援者もリアリティのあるイメージとして思い描けるのです。そうじゃないと、われわれ支援ができないわけです。ただ万引きしましただと、そうですかいけませんね、ってなっちゃうわけです。

リストカットとか、それから自殺なんかもそうです。自殺企図なんていって、それだけしか聞かないと、もうそれでは何ともアドバイスしづらいので、やっぱり、できるだけ具体的に、こちらがそのときの状況が目に浮かぶように聞いてくわけです。

それは何故か？　理想は、これも理想なので現実ではないんですが、何度も万引きしている子どもがいたら、支援者がその万引きしている子どもにいつもついて回って、万引きしそうになったら「やめろやめろ、やめときな」とか「ほら、あそこにも監視カメラあるよ」とか「お巡りさん、回ってきたよ」みたいな感じで、支援者があたかもその場で後ろからアドバイスできるくらいに聞いていくのが理想なんです。

そういう、その場にいてアドバイスできるのが理想なんだけど、それはできないので、でも、できるだけイメージが湧くように聞いて、それぐらいまでちゃんと情報を取ると、現場でのリアルなアドバイスに近いアドバイスができるわけです。

根掘り葉掘りと際どいところなんですけど、「やっぱり、ちゃんと僕がアドバイスしたいから、イメージが湧くように聞きたいんだ」って理由を伝えれば大丈夫です。

根掘り葉掘りの何が悪いかっていうと、聞かれてるほうは「何でこんな細かいこと聞くんだ」って分かってないわけです。それは取り調べです。だけど、われわれは支援ですので「ちょっと細かく聞くのは、あなたに役に立つアドバイスをしたいから聞くんで、悪く思わないでね」って、ちゃんと説明をしておけばいいわけです。

「いいとこ探し」

もう一つ、支援者の態度は、もうケースにダイレクトに反映されます。支援者が親を責めれば、「お母さん、駄目だよ、そんなの」って言ったら、「あんたのせいで怒られちゃったんじゃないの」って、家に帰ってから子どもが責められるわけです。

なので、悪い共同作業にならないよう「いいとこ探し」っていうのも大事です。親も子どもも、両方の良いところを探す癖をつけておくのです。その意味でも、対処行動を聞くっていうのは、すごく良いと思います。

12　支援の目標設定について

次は支援の目標設定についてです。何をどう支援していくか、最初の段階で考えてなきゃいけないと思います。

誰が困っているのか

まず「誰が困っているのか」を考えます。つまり、主訴の主語を考えるようにします。落ち着きがないという主訴なんかは、だいたい周りの先生が困っているわけです。大きくなってくれば、落ち着きがないという状態は、自分でも困りますけども、小さい頃は周りが困っているのです。

ですから、誰が困ってるのかって必ず考える癖をつけます。主訴を聞いたら、その主語は誰かってちゃんと整理をして、子どもの主訴、親の主訴、先生の主訴なんて分けて書いてもいいと思います。このケースの本当のクライアントは誰かという見極めです。学校なのか親なのか子どもなのか。

何を解決するのか

それから、「何を解決するか」も大切です。発達障害の場合は、発達凸凹を治療するとか、苦手なことを克服するとかいうよりは、不適応状態、つまり毎日の生活の中でうまくいってないことを、少しでも改善の方向に持っていくわけです。

何か訓練して伸ばすというのも一つの方向性であるとは思いますけれども、多くの場合は、本人の発達と周りの環境とのミスマッチの調整をしていくわけです。

すぐには解決できないことに軽々しく触れないことも大切です。たとえば、夫婦関係が悪いとか、シングルマザーとかです。最近シングルマザーのことをワンオペ育児って言うことがあるようで、これはいい言葉だなと思ったんですけど、そういうような状態は、お母さんも気にしていますから、軽々しく話題にすると、自分が責められた感覚だけが残って何も良いことはない。

どうしようもないDVなんかも、「そういう旦那だったら別れたほうがいいじゃん」って言いたくもなりますが、そんなこと言ったってしょうがないわけですよ。いろいろな事情がもつれ合って、今に至っているわけですから。

支援や治療は末端から

どうしてもわれわれは「そこが問題だよ」って言いたくなるんです。でも、それでは責めてるだけになっちゃう。「先生の言ってることは正しいけど、そんなことうちにはできません」ってなっちゃうと、これまた負の共同作業になっちゃいます。

「支援や治療は末端から」っていう原則があります。われわれ、ケースの全体像を見渡して、じゃあ、どこから手をつけるかって考えますね。その時の原則は、できることから手をつけていくことです。中心にある根本的な問題の解決でなくてもいいんです。もつれている糸をほぐす時のように、隅っこからアプローチしていくんです。

もちろん共同作業ですから、お母さんと話して、「じゃあ、ここからやろうか」なんてやってくんです。

すぐにはどうしようもないようなプライベートなことについて、ケースの方から言ってきた場合はどうするか。それが問題解決に当たって大事なテーマであることもありますから、話題にするかどうか、とっさの間に判断しなくてはなりません。これは面接の最後のところでまた触れます。

支援のゴールも考えます。何をどこまで支援して、いつまで支援するのか。それは、もうそれぞれの専門家の立場によると思います。

学校の先生の場合はその年の一年間が勝負だったりもするかもしれない。一方で、われわれ療育だと、結構長いことお付き合いすることができるんで、あまり焦らない。そんな温度差はよく経験します。でも、支援のゴール、あるいはいつ誰にバトンタッチするかなんていうことも一緒に考えておく、チームみんなで考えておく。

そのためには、やっぱり、これは教科書的な話ですけれども、フォーミュレーション、見立て、見取り、アセスメントということが必要になってくる。ここまでの段階で、どういうケースかということをまとめておくわけです。

13 フォーミュレーション・見立て・見取り・アセスメント

ケースのストーリーを描く

最近、フォーミュレーション、なんていう言葉が耳に入るようになってきました。見立てとか、見取りとか、アセスメントなんていうのと、ほぼ同じ意味なんだと思いますけど、要するに「どういうケースなのか」というストーリーを描くことでしょう。

そこに含まれている情報は、時間的にいえば「現在・過去・未来」です。これまでどうだったのか、今どうなのか、そして、親が一番知りたいのは、これからなんです。「この子はどうなるんでしょう」って。

われわれにしてみれば、それは分からないし、ケースバイケースなんです。あるいは、重たい自閉症なんかの場合だと、ある程度先のイメージは湧くわけです。だけど、それを正直に言っちゃうのが、今いいことなのかどうかっていうのも、常に考えなきゃいけない。

お母さんたちからは、よく「治りますか？」って聞かれます。それに対して、「治らないですよ」って言うのは、希望を無残に打ち砕く感じがあるので、禁忌です。正直に「分かりません」って言うのも共同作業にならない冷たい対応です。

なんでも正しいことを言えばよいというものではないんです。

お母さんたちにしてみれば、気持ちはいろいろでしょう。治るって言ってほしい気持ちもあります。あるいは、素直に「治るかどうか」を知りたい気持ちもあります。

ここで、もっとも共同作業を取りやすいのは、「それを心配している」っていう気持ちでしょう。なので、ここにスポットを当てて「心配ですね」「気になりますね」って答え方があります。

僕が好きなのは「治るといいねえ」って答え方でした。でも、なんとなく自分の中に違和感が芽生えてきて、最近では「治るというよりもね、成長して困らないようにしていくことが目標なんです」という目標設定に置き換えた応え方をすることが多いんです。

ともかく、フォーミュレーションっていう中には、主訴とか発達、家族、生活、そして、ここに診断も入るわけです。診断に関しては、ちょっとぐちゃぐちゃ考えているので、後でお話します。

そして、どんな支援をして、予後がどうなっているか。初回面接でひとまずのまとめをして、さてどこから手をつけてくかっていう、そういう話まで入っています。

検査は仮説の裏付けをとるためのもの

ここで検査の話をしておきます。発達検査とか知能検査のことです。子どもの様子を現場で見て、仮説を立てて、それを裏付けるために検査をするのが本筋なんです。

ところが、今は検査依存っていうような状態に陥っている支援者が多い。何か困ると、ろくに考えもしないで検査しましょうって。これでは、支援者の腕もあがらないし、なにより、子どもの状態についての細やかなアセスメントができないのです。

検査って、仮説を立てて、その裏付けを取るためにするものだということです。身体の検査も本当はそうなんですけどね。

ストーリーのバージョンアップ

もう一つ、何回もお話ししますけど、一度こういうケースだよねって、ある程度物語、そのケースの物語ができても、ちゃんとバージョンアップすることが大事です。あとからいろんな情報が、思わぬところから出てきます。実は、体に傷があって学校に来ましたとか、全然来なくなっちゃいましたとか。

だから、一回のアセスメントで安心しないで、ちゃんと時々刻々アセスメントを続けてください。もちろん、介入や支援によっても状態が変わってきます。

すごい被虐待の子がいて、児童相談所が介入して環境が落ち着いてきたら、カナー型の自閉症だったのねってことがわかって、みんなでびっくりしたこともあります。

小さい頃は多動がすごくてＡＤＨＤだと思っていたけれども、大きくなって落ち着いてきた。けれど、その反面、空気が読めないとか、こだわりが強いとかが目立ってきて、なんとなくアスペルガーっぽくなってきたな、というのもよくあることです。

なので、バージョンアップが必要だということです。

アセスメントしたことを共有する

もう一つ大事なことは、アセスメントしたことを、ちゃんとクライアントと共有する、ということです。発達の特性や遅れなどの客観的な情報は比較的共有しやすいんですが、難しいのは、親の関わり方とか、どちらかというと主観的なことですね。

たとえば、こちらから見ていて、親が過干渉だったり、熱意が空回りしていて、それが子どもにはマイナスになっているかなあ、なんて場合があります。ただ、そうアセスメントはしたものの、批難ととられることを怖れ、その大事な情報をフィードバックしていないとか、うまく返せていない、なんてことが多いんです。

確かに、やり方としては難しいんですが、せっかくのアセスメントを生かさない手はない。なので、批難するニュアンスをできるだけ少なくして、ポジティブな言い方で親にそれを伝えてみる。たとえば、「お母さんすごーく頑張っているけど、すごいなって思うけど、結構それって大変じゃない？」とか言ってみて、「そうなんですよ！　もう、大変なんです！」って返ってきたら、「もう少し手抜きしても大丈夫だし、お子さんも案外、それでも伸びるかもしれないよ」っていうように伝えてみるんです。

アセスメントしたことを支援者だけで持っているのは、非常にもったいない。下品な言い方をすると「やらずぼったくり」なんです。何とか言い方を工夫して、共通認識にして共同作業の場に持っていくことが大事なんです。

もちろん、実際にはこれを初回面接でやらなくてもいいんですが、大事なのはアセスメントはすべて共有するという理想を、現実にしていくことなんです。得られた情報は、すべて受益者に還元するという原則の一例なんです。

14 面接の後に何かが変わっているように

初回なので話だけ聞きましょうって、話だけ聞いて、ろくにアドバイスもしないで終わっちゃうのがあるんですが、それじゃやっぱり支援者としてはつまらないんです。十分でも十五分でも、面接した後には何かが変わっていることを心掛けてほしいと思います。

そして、願わくば、少しでも良い方向に変わってほしいわけです。クライアントの利益が少しでも増えるように、そんなことを心がけて自分のトレーニングをすると良いと思います。

支援には作用と副作用がある

さて、支援には作用も副作用もある、っていうのは当たり前のことですが、知られていないし、意識もされていません。

支援の副作用っていろいろなのがあると思います。たとえば、本当のことを言われたら傷つきますよね。それも副作用。だけど本当のこと言わないと話が進まないというジレンマもあります。

そもそも、ＳＯＳを出す、支援につながるっていうこと自体、プライドが傷つくっていう副作用があります。困ってる、助けてくださいって言うのもつらい、そういう副作用もあります。

面接っていうのは、自分のことをあけすけにしゃべんなきゃいけない。自分のことをあけすけにしゃべって、やっぱりがっかりきちゃう、っていう副作用もあります。支援には必ず副作用があるということです。

支援者が自分の支援についてフィードバックを受けられるように

それから生みの苦しみですね。たとえば、発達障害はもともと生まれつきの状態ですけれども、やっぱり、もう少し上手に親が関われば、子どもの様子が変わってくるってことは、よく経験することです。

でも、これまでの子育てを変えるのはとっても大変なんです。たとえば、今まで適当に流してたのが、この子とちゃんと向き合ってやるかってなると、やっぱりくたくたになる。怒ってばかりいたのを、褒めるように軌道修正するのも容易なことではない。

そういうときは「大変だったら支援者に伝えてくださいね」と言っておきます。これは生みの苦しみだけではなくて、「面接の後にちょっとつらくなっちゃったりしたら教えてね」って、ちゃんと言っておくことが大事です。

それから無理し過ぎないことも伝えておきます。「一応、理想はって言ったのは、現実はなかなか理想どおりにはいかないってことで言ってるんだから、私の言ったことを全部実行できたらいいけど、できなくても自分を責めないでね」とか、もっと簡単に「何かあったら電話ください」でもいいし、ちゃんと対策を伝えておくことです。

支援者が自分の支援についてフィードバックを受けられるようにしておくことは、どっちにとっても大切なんです。

「良い方向に向かっていますように」

そして、やっぱりロマンチックかもしれないけど、面接の後に「良い方向に向かっていますように」という、われわれの思いがとっても大事なんです。

有名なエピソードですが、精神科医の中井久夫先生が患者さんに処方箋を渡すときに、「どうか効きますように」って祈りながら渡すということですね。多分しゃべらないで、無言のメッセージなんだと思いますけど、渡すときに、「どうか効きますように」って。すごく大事なことです。

このあいだ、ある先生が処方箋渡すときに、「こんなのどうせ効かないよ」って言って渡したんだそうです。もう最悪ですよね。思ってても言っちゃ駄目だと思うんですけどね。思ってても言わないでほしいなあ。共同作業に絶対なりません、そういうことをやっては。

15　面接の終わりに

「あと五分の原則」

面接の終わりについてお話しします。

まず「あと五分の原則」というのがあります。これはすごく難しいです。どういうことかっていうと、五十分とか一時間とかの面接があって、だいたいは時間どおりに進むことが多いんですけど、何かの事故とか地震とか天変地異でも何でも、何かのトラブルで面接があと五分で終わんなきゃいけないってなったときに、ちゃんと終わらせられる面接をしていなさいっていってことです。それができるようになったら、一人前ですよ、ということです。

それを自分なりに解釈をすると、やっぱり面接の最初から支援が行われていることが必要だということでしょう。始まった瞬間から支援も始まっている、具体的な支援じゃなくてもいいんですよ、雰囲気での支援でいいんですが、ともにあるとか一緒にいるということでいいんですが、情報収集と並行して、そういうサポートさえしていれば、あと五分で終わらせられるという意味だと解釈しています。

「全部聞いてないんで、どうアドバイスしていいか分かりません」っていう専門家もいます。それも一理あります。けれど、クライアントにしてみれば、わざわざ時間を工面して出てきて、一時間も話をして、「じゃあ、どうしたらいいですか」って聞いても「いやあ、まだ分かりません」っていうのは、何かサービス業としてはいかがなものかって思いますね。

次回への連続性を保つ

次回の面接への連続性を保っておくことも大切です。連続性というのは、具体系な約束だったり連絡手段だったりということと、心の中でのつながりです。

一般的には、面接を終える時は「じゃあ、次回はいつぐらいにしましょうか。それまで何かあったらここに連絡ください」とか「私は金曜日しか来てないので、他の日はいないけど、何かあれば伝わるようになってます」とか、相談者と支援者の連絡手段を伝えておくことが大切です。それがつながりであり、安心なのです。

そして「まだ雪降ってますか。じゃあ、気をつけて帰ってくださいね。お疲れさまでした」って言って、一人の人間として挨拶をして、余韻を残しておくことも大切です。もちろん、悪い余韻を残さないように意識することも大切です。

面接終了時の告白

最後は、面接終了時の大事な告白です。これもよくあるんです。「じゃあ、さようなら」って言ったときに、「実は」とか言われて、「来た来た来た」と思うわけです。「先生、」何が来んのかなと思っていると、「私うちの子のことを殴ってるんです」とかね。

どうして、そういうこと最初に言わないのって思うんですけど、最初に言えないんですよね。一時間面接をして、この先生なら伝えていいだろうと思うから最後に言うわけです。

だから言われたほうが大変です。これは一般的には、精神科の教科書的には、「そういう大事なことは次回きちんと時間を作ってお話ししましょう」って教えるんですが、何かそれも機械的でいまいちです。

僕だったら「ああ、びっくりした」って言いますね。「すごいね。すごいこと出てきたね」って、素直に。正直は駄目ですよ。「そういう大事なこと、どうして先に言わないの?」って言っちゃおしまいですので、素直に「すごい話出てきたね」って。そのあとに、「そうか、じゃあ、それは次回話すんでいい?」って言って。「駄目」って言われても困るから、「いい?」って聞くのは変なんですが。

あるいは、ただ聞いてればいいだけってこともあるんです。次回に話しちゃいけないのかもしれないんです。だから、「そうなんだ」って言って聞いているだけ。もちろん虐待とかっていったらほっとけないですけど。

たとえば、「旦那が不倫してるんです」とかっていうのは、「そうなんだ。それはびっくりだね」みたいな。「どうする？　次回話す？」とかってことじゃないわけですよね。だから、「えー、びっくりしたなぁ」って言って、それで終わりにしちゃうのもありです。

面接の最後に大事な告白があった時にどう対処するかっていうのも腕が問われます。実際の対応は千差万別ですけど、これを頭の片隅で意識しておかないとダメなんです。

だって、ここでしくじると次は来なくなっちゃうわけです。「そういう大事なことは先に言ってください」って言っちゃうと、もう来ないわけです。

いろいろ難しいけれども、少しできるようになると光が見えてくるんです。お互いに。

第2章　診断から支援へ——それぞれの発達障害をどう支援するか

1　発達障害＝発達凸凹＋不適応

思わず、診断から支援へって題をつけてしまいましたが、発達障害の支援は、本当は診断ありきではありません。やっぱり、僕はどうしても医者なので、診断をして支援、っていう流れが染みついているんですね。

流れを正確に言うと、初回面接をして、情報を集めて、アセスメントやフォーミュレーションをして、それと同時に支援をしていくわけです。

そして、アセスメントやフォーミュレーションの一要素としてのみ、診断がある。診断がすべてのスタートだという意味ではないということは、強調しておきたいと思います。

特性と環境へのアプローチ

さて、この章でお話しするのは発達障害のダイジェストです。

杉山登志郎先生から教わった考えですけれども「発達障害＝発達凸凹＋不適応」という図式があります。発達の凸凹に不適応が加わって発達障害になります。そして現時点のコンセンサスとして、すべての発達障害の頻度は人口の一割くらいと考えられます。

発達の凸凹は、先天的な脳機能の発達の偏りとか遅れで、これは生まれつきのものです。発達の特性なんて言い方もしますけれども、ともかく、どんな凸凹があるのかとか、どんな特性があるのかを、きちんと分析をする必要があります。

ただ、それだけでは駄目で、不適応の分析と環境へのアプローチが必要です。不適応というのは、日々の生活の大変さであり、これは生まれつきの凸凹や特性と環境とのミスマッチからくるものです。ミスマッチは後付けのものですが、どういうミスマッチになっているのか、特性と環境との関係についての分析も必要です。

それから不適応と言っても、誰が困っているのかを考える必要があります。さっきから言っているように、本人は案外と困っていないかもしれない。まあ、たいていの場合、本人も本当は困っているんですが、表面的に困っているのは先生だったり親だったりしますので、誰の苦労かっていうのも見ないといけない。

正確なアセスメントには発達の特性と環境と両方、そしてその関係性についても見立てる必要があるのです。

2　状態像からの診断ということ

発達障害は因果論で説明がつかない

診断について、ちょっと、ごちゃごちゃとお話をします。

発達障害とか精神疾患で、何が事態をややこしくしてるのかって言うと、「原因→結果」の因果論で説明がつかないことなんです。脳が極めつけの複雑系だからです。

原因がはっきりしていて、その原因から病気や障害になっているのであれば、その原因をみつけて治療すればいいんです。一番分かりやすいのは感染症でしょう。インフルエンザを見つけて抗ウイルス剤でやっつける、なんてなればいいんですが、発達障害とか精神疾患はそうもいかないところが、混沌としている一番の要因です。

発達障害とか精神疾患は、原因からではなく状態像からの診断なんです。でも、そこにこそ発達障害の支援のキーポイントがあります。状態像からの診断ということであれば、やはりもう医者だけのものではないはずなんです。治療というよりも支援なのです。順番に話していきます。

状態像からの診断というのは、たとえば、こういう症状が揃っているとアスペルガー症候群といいますとか、限局性学習症と呼びます、みたいな、そういうことです。そして「それらの症状がその人の社会機能を損ねている」という条件も必要なのです。症状があることで、さまざまな定型から外れて、日々の苦労が生じているということなのです。

空間軸と時間軸

でも、その状態が定型から外れているかどうかなんて、時代によっても人によっても、それから本当は社会によっても変わってくるはずです。

ところが、発達障害の有病率は社会による差があんまりないようなので、やはり、生物学的な基盤が強いんだろうとは思うんです。が、ともあれ、いろいろと違ってくる。

最近の話題は、スペクトラム概念です。たとえば、自閉スペクトラム症って、ざっくりとしたくくりにしたことです。一つの見識だろうと思います。つまり、診断ということ自体が、ボーダーレスで移ろっていく、なので細分化しないで、一つの大きなカテゴリーにまとめた、ということです。ちなみに、スペクトラムと言っても、さまざまな切り口があります。神経学的な重症度の軽重が本来の意味ですが、それとは別に、適応度合いの軽重もあります。親や周囲の理解にだって軽重があります。いろいろなスペクトラムがあるのです。

発達障害ではちゃんと環境設定をすると発達していくわけで、ここが支援の醍醐味です。周囲の関わり方が悪いと不適応を起こす。育て方が悪いとかっていう議論ではもちろんないんですが、環境設定は大事です。僕はよく「状況依存性」って言いますけれども、場面によって、関わり方によって、変わってくるわけです。これは空間軸です。

一方で時間軸もあります。発達障害も発達するわけです。生まれ持った特性を踏まえて、その子に合ったやり方で関わると、適応が良くなって、ちゃんと発達していくのです。

「発達障害はミックスジュース」

診断名は一つではないというのも、繰り返し強調したいと思います。発達障害って、ミックスジュースとか青汁なんです。これは、横浜市中部地域療育センターの高木一江所長がおっしゃっていて、これはいい言い方だと思って最近使っているんですけど、皆さんも経験されているように、一人のお子さんの中にいろんな発達障害の要素がちょっとずつ入っている。学習困難があったり、多動の要素があったり、知的にもちょっと微妙だったり、不器用だったり、空気読めなかったりって、いろいろな成分が少しずつ入っているミックスジュースです。いろんな特性や凸凹が混ざっている状態です。

しかも時々虐待とかトラウマなどの逆境体験成分が入ってきて、苦い青汁になっちゃうっていうこともあります。

そうして、われわれ専門家の目の前に出てくるのは、ミックスジュースだったり青汁だったりするわけです。そこから成分分析をして、つまり、アセスメントをして、フォーミュレーションをして、さあ、どうやって支援していこうかって、やっていくわけです。

人間は何か、たとえば一つ自閉スペクトラム症とかって診断すると安心して、他の診断を飛ばしちゃうという癖があります。ですので、診断は一つではないんだってことを意識しておく必要があります。アセスメントだけでなく診断も常にアップデートしていく必要があります。

3　診断は医療だけのものか

過剰診断と特性診断

最近の傾向、特に横須賀のセンターでは、比較的軽い状態での受診が多いんです。軽いというのは、日常生活で、不適応をそんなに起こしていないということです。実際に来てアセスメントをしみても、特性はあるが、障害までには至っていない。

発達障害の特性はある、それは親もよく分かっている。だけど障害と呼ぶほどには日常生活は困っていないという状態です。凸凹や特性の状態で来るということは、発達障害の概念が世の中に普及して、お母さんたちが以前よりもポジティブに捉えて、前向きに受診するようになってきたからだと思うんです。

ここで、障害という状態ではないけど、凸凹ははっきりある、その状態で診断することがどうなのかっていうところが一つの問題になるかもしれません。

実は、僕はこれを問題だとは思っていません。確かに、不適応の少ない状態で障害と診断するのは、過剰診断だという議論にもなります。それは一理あるんです。だけど、せっかく親が前向きに支援の現場に来ているわけですから、共同作業をして、こんな特性や凸凹があるのよ、という共通認識を持つべきです。

こんなとき、僕は「障害ではないけど特性はあります。気をつけてないと本当の障害になります」っていう言い方をします。そうして、「診断名は何ですか」って聞かれたときに、「診断名はありません」って言っちゃうと安心しちゃうので、「一番近い診断名はアスペルガー症候群です」みたいな、ちょっと苦し紛れなんですけど、そういう言い方をしています。

そうではなく、凸凹はあるけど障害には当てはまらないから「診断にはなりません」って言っちゃうのは、良くないと僕は思うんです。なぜかというと、診断はありませんっていうと、なんでもないなら普通と同じ対応で良いのね、なんて誤解されるリスクが大きいからです。

なので、批判されるのを承知で、僕は特性診断といって、たとえば、アスペルガーの特性がありますよ、みたいな、そういう特性診断を連発しています。

診断について、自閉症のエキスパートである児童精神科医の山崎晃資先生はかつてこうおっしゃっていました。「診断っていうのは医者のものだけではないんだ。それぞれ発達障害に関わる専門家が、それぞれの立場で、たとえば教育的診断、福祉的診断、医学的診断、子育て的診断みたいな診断をしていけば良い。診断って何も医学だけのものではないんだ」。これ、とってもいいですね。

そういうお医者さんは多分、少数派でしょう。診断は医師にしかできません、なんていうクラシカルな人が多いと思います。でも、僕は山崎先生と同じで、診断っていうことを医療だけのものだと狭く捉えなくていいいんじゃないかと思っています。

ただ、それはこちらが、つまり専門家が自分たちの中で勝手にぐるぐる考えていることかもしれません。やっぱり親と一緒に考えていくことが共同作業になります。特性診断は過剰診断なんじゃないか、言い過ぎなんじゃないかなって、正直に親と共有していくことが大切だと思います。

4 診断の三つの意味

そもそも診断にはこういう歴史的変遷があります（表2）。

診断とは、もともとは医学的な治療のためとか、予後の目安のためのものでした。診断が治療に直結するわけです。インフルエンザもそうですし、胃がんや胃潰瘍もそうです。昔は胃潰瘍で胃を切除するなんていうことがあったわけです。それは今の医学からするとやり過ぎで、胃潰瘍だったら内科的治療で、胃がんだったら外科的治療でいくみたいな、診断によって治療が変わってくるんです。それが診断の原点です。

ただ、これだと診断も治療も医者の専権事項となってしまって、ややもすると「医者に任せなさい」ってなりがちでした。共同作業という観点からは、いまいちですね。

共同作業のためのパスポート

医者任せに加えて、客観性に欠ける向きもあります。あの先生は何でもかんでも発達障害にしちゃうねとか、何でもかんでも統合失調症にしちゃうね、とかになってくるんです。

そこで、医者によって診断名がまちまちという反省から「操作的診断基準」ができてきたのです。これとこれとがあると統合失調症だよとか、自閉スペクトラム症だよみたいな、そういう機械的診断です。チェックリスト診断ですから、いくつかある項目にチェックを入れていって、いくつ揃ったら、はい、統合失調症ねって。あるいは、一つだけ足りないから統合失調症ではありませんねって。ＡＩだってできますよ。

これは本当に危険です。その病気や障害の本質、自閉の何たるかとか、統合失調症の何たるかとかが分からないで、機械的に診断をつけて、しかも治療までしちゃうっていう、非常に危険な風潮です。診断を統一するっていう面では、操作的診断基準にも一理はありますけど一理でしかない。

三つ目、僕がずっと言ってるのは、診断というのはクライアントの利益のた

表２

診断の三つの意味
⑴ 治療や予後の目安
⑵ 研究のための統一基準
⑶ クライアントのため

めの診断であるべき、ということです。

やっぱりＡＤＨＤの傾向がありますねって、対象を知って、じゃあ、どういう支援を組み立てて、これは後でお話ししますけど、支援を自給自足していくためにはどうしたらいいかっていうための手掛かりとしての診断であるべきなのです。ただの落ち着きがない子どもっていうのと、ＡＤＨＤって診断するのと、どちらが行き届いた支援になるかっていうことです。

少し前までは「診断名は支援への入場券」なんて言っていましたけど、今、入場券なんて死語に近くなっているので、手掛かり、パスポートみたいな。共同作業のためのパスポートとしての診断が良いだろうと思います。

5　支援の変遷

これとリンクしているのが支援の変遷です（表3）。

その昔、発達障害なんて千人に一人とかで、非常にマイナーな状態でした。そして、脳性まひなどの肢体不自由の療育から始まっている専門機関は特にそうなんですが、医学モデルの療育が主流でした。何か原因を見つけて治すということです。

治すというのは、われわれ医療者にとっては一つのロマンでもあるんです。十年ぐらい前は、僕も発達障害を治すって言って回っていて、横浜市中部地域療育センターの先代の所長だった原仁先生から「広瀬はまだ治すなんて言っているのか」って言われて、「いやいや、治したいと思います」とか言って、空気の読めない会話をしていたんです。でも、さすがに今は治すのは難しいとは思っているんですが、そういうロマンも、もちろんあるんです。

医学モデルだったら医者に任せなさい、なんてことがあって、でも、発達障害の支援はなかなかそうもいかないんです。なので、療育センターを作って、いろいろな専門職を集めて、発達障害児も集めて、訓練や療育をして社会に送り出すという、療育モデルが主流になった時代があります。

今でも、そういう地域はまだかなりあります。まあでも、これも療育機関にお任せになっちゃう危険があるわけです。発達障害って、今は人口の一割ぐらいで、非常にコモンでありふれた状態です。それを全員療育センターに集めて、訓練をしていくなんてのは、キャパシティー的にも無理です。

そこで、生活モデルなんです。支援の目標の一つとしては、毎日の日常の生活がスムーズになるということですから、当事者の立場に合わせた作業が必要です。そうすると生活に密着した支援、必然的に生活モデルというようなことが支援のメインになってきています。

表３

支援の変遷

⑴ 医学モデル：原因を見つけて治癒せしめる（専門家へお任せ）
⑵ 療育モデル：障害を見つけて訓練する（療育機関へお任せ）
⑶ 生活モデル：日々の生活をスムーズにする（当事者主体の共同作業）

生活モデルの支援の実際については、また後でお話したいと思います。ともあれ、こんなような支援の変遷があるわけです。

6 障害受容から特性理解へ

共同作業に向かない言葉

障害受容という言葉、そしてその概念自体も、そろそろ考え直さなきゃいけないと思います。

立正大学の教授だった中田洋二郎先生は、長年、障害受容をテーマにされてきた先生ですが、最近「そろそろ障害受容って言い方はやめませんか」っておっしゃっています。僕も同感で、たとえば、障害受容じゃなくて特性理解っていう言葉に変わっていったほうがいいな、と思うんです。

その理由の一つは、発達障害ってやっぱりきつい言い方なんです。さっきから言っているように、親は罪悪感とか罪責感を強く持っていて、「私の育て方が悪くてこうなったんじゃないか」って思ってることが多いんです。

でも、基本はそうではない、やっぱりもともとの原因は生まれつきのものなんです。確かに、育て方にも「多少は改善の余地はあるよね」って言いたくなる親は少なからずいるんですが、だけど、それを言っちゃうと共同作業になりません。なので、ひとまず「基本は育て方が原因ではないんだよ」って言うんです。

そういうときに、障害受容っていう言葉は非常に生々しく響くわけです。

そもそも、障害っていう言葉が強烈なわけです。だからって、障害の「害」っていう漢字を平仮名にする人がいますが、それをしたって意味ないと思うんです。だって、「障」だって非常に嫌な言葉ですから。なにしろ「障る」ですからね。だから、そういうことではないと思うんです。つまり、障害っていう言葉自体が、それこそ受容しにくいわけです。

ちなみに、ＤＳＭ‐５になって、「障害」という言葉から「症」という言葉に変わりつつあります。発達障害も「神経発達症」と言うようになっています。これは悪くありません。広汎性発達障害って告知していた時は、「障害」って聞いただけで真っ白になる親が多かったんですが、自閉スペクトラム症になって、障害って言葉でつまずくことは無くなりました。中身はそんなに変わらないんですが、でも、言葉って大事です。

受容っていう言葉も今ひとつです。受容って言葉には「受け入れるのか、受け入れないのか、どっちだ」みたいな、白黒どっちかを迫る雰囲気があるんです。そうすると、やっぱり共同作業には向かない。一緒に発達をサポートしていくのには、あんまりいい言葉じゃないように思います。

特性理解から自己理解へ

もうちょっと受け入れやすい伝え方が必要なんです。たとえば、こういう特性があるので伸ばしていきましょうっていう、ポジティブでなじみやすい伝え方や言葉が必要になってくるわけです。障害って言われると抵抗があって、考えたくないけれども、凸凹とか特性って言うんなら考えてみようか、ってなるような、すっと入りやすい言葉が必要なんじゃないかなと思うんです。

なので、やっぱり特性を理解して、最終的には自己理解に至るという、そういう流れや言葉遣いにしていけると良いと思っています。自己理解についは後で話しますが、そのためには、いいとこ探しをしたり、成功体験を積んだりすることが不可欠です。

ちなみに、この成功体験っていうのはすべてにわたってものすごく大事で、お母さんの成功体験、家族の成功体験、そして、われわれの成功体験も大事なわけです。

僕は、さっき言ったような、最初に受け持った六歳の摂食障害の子どもで失敗していたら、多分ここにはいなかったと思います。何をやったというわけでもないのですが、僕の中ではささやかな成功体験なんです。支援者の成功体験も大事だと思います。

7　発達障害それぞれ(1)――精神遅滞と運動発達遅滞

「発達障害＝発達の凸凹＋不適応」ですから、凸凹がどこにあるかということで分類をしたのがこの表（表4）です。診断名は、現在過渡期なので、いろいろな名称が併記してあります。

表4

診断名	遅れている領域	特　徴
知的発達症(ID) 精神遅滞(MR) 知的障害	知的能力	全体的な知能の発達の遅れ。一般にIQ<70。人口の1-3%。IQ70-85(境界域)も要注意。
運動発達遅滞	運動能力	運動能力の発達の遅れ。他の発達障害を伴うことも珍しくない
自閉スペクトラム症(ASD) 広汎性発達障害(PDD)	コミュニケーション能力	主な症状はコミュニケーションや社会性の発達遅滞、興味の偏り・こだわり・感覚過敏(感覚調整障害)。他に、言葉の遅れ、知的障害、多動・不注意、不器用、てんかん、視覚優位、優れた記憶力などを伴う。2-3%。
注意欠如・多動症(ADHD)	注意力・集中力・抑制力	主な症状は不注意と多動・衝動性。薬物が効く場合がある。3-10%。
限局性学習症(SLD) 学習障害(LD)	狭義の学習能力	知的能力は標準かそれ以上だが、「読み」「書き」「計算」など学習に必要な機能の一部に障害がある状態。「勉強できない＝学習障害」ではなく、知的障害や他の発達障害の鑑別が必要。0.5-2%。
発達性協調運動障害(DCD)	複数の運動の協調性	ただの不器用ではなく、中枢神経系の機能障害。学習にも直結するため、的確な評価と支援が必要。5%。

＊ **ID**：Intellectual Disability　**MR**：Mental Retardation　**IQ**：Intelligence Quotient
ASD：Autism Spectrum Disorder　**PDD**：Pervasive Developmental Disorders
ADHD：Attention Deficit/Hyperactivity Disorder
SLD：Specific Learning Disorder　**LD**：Learning Disorder
DCD：Developmental Coordination Disorder

まず、精神遅滞（知的発達症）と運動発達遅滞についてです。これをひとくくりにしちゃうのは、かなり乱暴なんですが、このくくりでお伝えしたいことは四つあります。

発達障害の原因

一つは原因についてです。精神遅滞とか運動発達遅滞なんていうのは、本当は状態像なわけで、遅れていますというのがそのまま診断名になっているんです。

親に「診断名は何ですか」って訊かれて「精神遅滞です」って言って、「それ診断名なんですか」みたいになるんです。そうして「原因は？」と言われて、「何か多分原因はあるんだけど、今の医学だと分からないんですよ」って。

「じゃあ、病院に行って脳の検査とかしたほうがいいんでしょうか」って言う話になります。「いや、脳の検査しても分かるとも限らないし、お子さんにも負担で大変だし、別にどっちでもいいんじゃないですか」って言って、大抵はそれで済むんです。

だけど、中にはやっぱり納得がいかなくて、「原因が見つかんないと、悶々としちゃうので」っておっしゃって、大学病院に行ったりして、隅々まで検査をしちゃうお母さんたちもいる。まあ、その気持ちも分かるので、検査も大変だよってお話まではしますけれども、それ以上は止めない。

それから逆に、われわれ医学者のほうが熱心なことがあります。遺伝子の検査をしている大きな病院があったりするわけです。最近では、遺伝子は全部解読できるようになっているので、遺伝子を採取して、コンピューターで解析をして、何か異常が見つかるかもしれないよ、ということです。
このあいだ、あるお母さんが、病院から遺伝子検査を勧められて、どうしたものか思いあぐねて、療育センターに相談に来ました。その子はいろいろな障害があって、顔の奇形もあったりして、確かに何か染色体に異常がありそうだな、っていうことではあるんです。

「それでお母さんたちはどうするの？」って聞いたら、「いや、恐ろしくて遺伝子検査なんて受けられません」っておっしゃる。「だって原因が分かっちゃったら、もしかしたら父親からの遺伝かもしれないし、母親からの遺伝かもしれないし、何か、そういうことって分かんないほうがいいんです。原因がわかれば治るというのならもちろん検査しますけど、そうでもないみたいですから」ってておっしゃって。本当にそうだよなって思いました。

「発達障害は遺伝です」って、われわれは無意識に軽々しく言ってるかもしれないけど、遺伝っていう言葉は決して軽々しくはないということです。日々、臨床の中で教えられることは多いです。原因については、分かんないと気持ち悪いって方もいれば、分かるともうがっかりって方もいらっしゃる。どっちもありなんだということです。

グレーゾーンという言葉

二つ目はボーダーラインとかグレーゾーンっていう言い方です。たとえば知的障害なんかでボーダーライン、知能指数が七十八とかだったらそうで、「境界知能」なんて言っています。これも、中途半端っていう言葉は非常に失礼かもしれませんが、グレーゾーンなんですね。で、このグレーゾーンっていう言葉は非常に危険なんです。

親にしてみれば、グレーゾーンっていう言葉は、ブラックではないということで少し安らぐような雰囲気があるのかもしれないんですが、僕らからするとグレーゾーンはないんです。親が使っているグレーゾーンって意味は、支援の実際とは違うと思うんです。

われわれからすると、支援が必要な人はグレーゾーンではないんです。知能指数七十八だと知的障害まではいかないかもしれませんが、その子だって支援が必要なんです。グレーゾーンだから大丈夫とか、支援が要らないとか、あるいは支援はちょっとでいいとかっていうことでは決してないということです。

むしろ、グレーゾーンだから支援をしないで、様子を見ていてだんだん不適応が嵩じて行ってしまうのが一番避けたいパターンです。

身体障害でもそうです。軽い脳性まひの人なんていうのは、体が小さいうちはいいけど、やっぱり体重が増えてくると大変になったりするわけです。グレーゾーンという用語は、それぞれの人がどういう意味で使っているかを考えることが必要です。

ちょうどよいハードル設定

三つ目は適切なハードル設定です。知的障害とか身体障害にかかわらず、支援の一つの目標は、ちょうどよいハードル設定をすることなんです。このちょうどよいってのは、すごく難しいんです。成功体験になるぐらいの、現状よりも少しだけ高いハードルっていうことなんですが、このちょうどよいハードル設定をしていくのが、われわれ支援者の一番の腕の見せどころです。しかも年齢とともにハードルも変わってく。上がっていく場合もあれば、下がっていく場合もあるということです。さっき言った、時間軸です。

併存症

四つ目はさっきもお話ししましたけど、他の発達障害がかぶっていないかという点です。

言葉っていうのは切り取る作用があります。たとえば、ダウン症ならダウン症っていう診断名が付いたら、「この子、ダウン症ね」って終わっちゃうわけです。ところが、ご存じのように、ダウン症の子どもの中にも、ちょっと自閉っぽい子がいるわけです。

このあいだ、脳性まひの子どもなんですけど、担当している理学療法士から「あの子、自閉っぽくないですか」って言われて、「そういえばそうだね」ってなりました。

知的障害もあって、体の不自由もあるので、そんなもんだろうと何となく僕も思っていたんですが、言われてみれば、コミュニケーション取りづらいし、感覚過敏あるし、一度火が付くとちょっと大変だし。もう来年小学生なんです。だから、「そろそろお母さんにちょっと言っといたほうがいいんじゃないですか？」って言われて。

そこで例によって、「お母さんは何て言ってるの？」って聞いたら、「お母さんもそれっぽいって言ってます」って。だったら話は早いなと思って、診察で「自閉スペクトラム症もかぶっているね」っていう話をしました。

そのお母さんは物分かりのいい人だったんで「そうですね、確かに」で済んだんですけど、やっぱり脳性まひとかに自閉がかぶると、重複障害みたいな感じになっちゃって、親としてみればさらに辛いかもしれません。

でも、子どもの支援っていう立場からすると、やっぱり脳性まひ単独っていうのと自閉が入ってるっていうのとは、だいぶ変わってくるわけです。

これは別に体の病気だけではありませんが、他の発達障害がないかっていう視点は必ず必要だと思います。ここでも共同作業をすればよくて、お母さんに聞いて、一緒に考えていけばいいんです。

お母さんは毎日一緒に生活していて、よく分かってますんで、「頑固で大変じゃない？」とか「困ってた偏食は相変わらず？」とか「じっとしてない？」とか「何か体だけじゃなくてありそうだよね」みたいな話から、一緒になって考えていけばいいわけです。

8　発達障害それぞれ(2)――自閉スペクトラム症（ASD）

自閉スペクトラム症については、三つに絞ってお話しします。

ノンバーバルなやりとりこそ大事

一つはコミュニケーションの問題です。親は言葉の遅れをとても気にします。でも、子どもですので、言葉だけにとらわれないことが大切です。

大事なのは、やりとりとか意思疎通とか、何がどう伝わったかっていう、伝わった中身です。それを豊かにしていくことを大事にしてほしいと思います。ちなみに、伝わった中身は、意味内容と雰囲気に分けて考えますが、これは後で述べます。

自閉の人たちって、言語じゃないコミュニケーションってすごく豊かだったりするわけです。音楽のセンスがあったり、工作のセンスがあったり、絵がうまかったりします。あるいは、電車や車に詳しい場合もあるわけです。興味のあることは熱心に取り組むんです。そこからコミュニケーションを広げていけばよいのです。

どうしてもわれわれ言語にこだわっちゃいますけども、特に自閉の人たちはノンバーバルなやりとりこそ大事にしてほしいと思います。ノンバーバルが豊かになって初めて、言葉が豊かになるからです。

言葉はコミュニケーションの道具です。やりとりしたいという意欲と、ノンバーバルなやりとりが豊かになったという土台があって、言葉も増えていくのです。

ただし、純粋なアスペルガーは、言葉が必ずしもコミュニケーションの道具として機能していませんから、様相は少しだけ違ってきます。

興味の濃淡を意識する

二つ目は興味の偏りとかこだわりです。自閉の一つの特徴は「何となく学ぶことが苦手」ということです。われわれって、何となく学んでることってよくあると思うんです。何となく経験して、何となく学んでということですね。だけど彼らは興味の偏りがあるので、興味のあることはほっといても学ぶわけですけど、興味のないことを何となく学ぶということは少ないのです。

だから、周りがちゃんと興味の偏りを意識する。興味のないことでも、やっぱり身につけなきゃいけないことっていうのは、「ここ大事だから覚えなきゃね」みたいにしていくことが重要です。周りが興味の濃淡を意識して、薄いところにはラインマーカーを引くような意識でいることが大切です。

興味がないことに付加価値をつけていくことも大事です。受験勉強なんか、好きでやっている人はごく一部だと思いますが、合格した後の楽しみという、強烈な付加価値があるからこそ、なんとか切り抜けているわけです。

興味の偏りを分析する

さて、最近考えていて、興味の偏りって、われわれ何となく使っていますけど、もう少しそこを掘り下げて、分析していくとどうなるかのって思っているんです。

興味が偏っているのは、スキルが偏っているからなんじゃないかというのが一つの可能性です。興味がないことって、実は苦手なことなんじゃないかって思います。苦手なことだと、やってもうまくいかないから、やらなくなっちゃう。だから興味の偏りに見えていても、スキルの偏りで苦手なことだとしたら、成功体験を積ませてあげることが大切なのではないかということです。周りが本人の苦手なスキルをサポートして、苦手なことでも周りが手伝ってあげて、こうやればできるじゃんみたいな、どういう補助線を引けばいいのかとか、それが一つです。

それから経験不足っていうこともあると思うんです。経験不足というのは、環境的に、親も実はあんまりスキルがなかったり興味がなかったりとか、やってみればできるのかもしれないけど、何かそういう機会がなくて、機会がないと、できる・できないって話にもならないので、機会を与えてみてやらせてみる。しかも初めてのことだと尻込みしちゃったりするかもしれないので、そこで周りが適切にサポートをして、成功体験を積ませてあげることも大切だと思います。これが二つ目。

三つ目は感覚過敏が影響している可能性です。これは次にお話しします。

深く考えずに「興味のないこと」ってひとくくりにしていましたけど、この子にとって、興味がないというのはどういうことなのか、興味がないという根っこはどこにあるんだろうっていうのを考える必要があります。スキルの問題なのか、経験値の問題なのか、感覚過敏が影響しているのか、場合分けしていくことが大切です。

皆さんそれぞれの立場でも、興味の偏りって分析するとどういうことなんだろうって考えていただけると、いい支援になるのでは、と思います。

反対に、興味のあることやこだわりは、その子の強みになります。そもそも、こだわりという言葉自体、もともとはポジティブな意味合いが強いと思います。自閉のいろんなこだわりは強みに持っていくべきです。その道一筋何十年でノーベル賞を取れるくらいのこだわりが一番良い成功例だと思います。

感覚過敏にはその子なりの対処行動を

三つ目は感覚のアンバランスさです。この問題はどれだけ強調してもし過ぎることはありません。

たとえば、問題行動ってひとくくりにしちゃいますけれども、かんしゃくとかパニック、それの原因の一つが感覚過敏です。わーとかぎゃーとかなっているときは、まず、感覚過敏に抵触していないかを考えます。ちなみにもう一つの原因はフラッシュバックです。

感覚過敏への対策も、結局、自分なりの対処行動を身につけさせることに尽きます。

自閉の子の耳ふさぎで考えてみます。さっきの素人と専門家の話じゃないですが、耳ふさぎ＝自閉症なんていう、なまじ中途半端な専門知識ができてくると、「やめなさい」となりがちです。けれども、素直に考えれば、「うるさいから耳ふさいでんだよね。やっぱうるさいよね」っていうのが人間としての素直な気持ちだろうと思います。勉強しちゃって知識があるもんで、「自閉っぽいからやめなさい」って言ってしまうんです。本人の立場に立って考えたら、そうじゃないでしょと思うんです。うるさいからだよねって。

耳ふさぎが嫌だったら耳栓でもいいし、ノイズキャンセリングのヘッドホンでもいいし、耳栓でもいいです。もうこないだネットで引いたら、すごいですね、最近は千差万別の耳栓があるんですね。イヤープロテクターって名前でしたけど、状況別の耳栓が出ていたりして、すごいんです。

ともあれ、感覚過敏については、苦手な刺激をどうかわしていくか、その人なりの対処行動を身につけてもらうことが大事です。感覚鈍麻の場合も対応の原則は同様です。

9　発達障害それぞれ⑶——注意欠如・多動症（ADHD）

刺激の量を調節する

ＡＤＨＤは一般的に、気が散るとか、刺激に振られやすいなんて考えられています。気持ちが振られると不注意になりますし、動きが振られると多動とか衝動になるわけです。

ところが、刺激に振られにくいという側面もあるんです。不注意なんかの、ぼうっとしてる状態とか、すぐに忘れちゃうとか、とにかく大事な刺激が引っ掛かんないんですね。忘れ物なんていうのは、特にそうだろうと思うんです。あるいは、段取りとか時間配分なんかもそうかもしれません。見通しとか段取りとか計画などは、刺激としては曖昧で弱いのです。しかも、目に見えない刺激、イメージの中での刺激です。それを具体的な刺激に換えていく必要があります。

「朝起きて学校に行くまでにやること」とか、大人では「今週の仕事のプラン」なんて、刺激としては目に見えない曖昧な刺激なんです。それを目に見えるようにする、たとえば書き出すとか、リストアップするとか、優先順位つけるなんていう、そういう作業が必要なわけです。

どっちにしても、ちょうどよい刺激の強度と量が必要になってきます。その人の感受性に合わせた適切な強度、キャパシティーに合わせたちょうどよい量、弱すぎず強すぎず、少な過ぎず多過ぎですね。ここでも、周りの人たちが工夫をして、その子に合ったやり方を一緒に考えていく。もちろん、最初は周りの支援が必要です。こういったことがもともと苦手ですから、ほっておいたらますますできない。段取りにしても計画にしても、忘れ物にしてもそうです。周りのサポートを受けて、だんだんうまくいって、「こうやるとうまくいくんだ」とか、あるいは「俺、こういうの苦手なんだな」って流れを作っていく。そして、最終的には自分で調節できるようにしていく。自覚から工夫へっていうことです。詳しくは支援のところで述べます。

ＡＳＤはかぶってないか

あと、ＡＤＨＤはひときわ併存症が多いです。いろんなのとかぶっています。読み書きの問題があったり、不器用があったり。それからもちろんＡＳＤがあったり。それから大人になると気分障害、あんまり支援しないで大人になると行動の問題、反社会的行動等々、ＡＤＨＤは併存症が非常に多いです。ですので、ここでもＡＤＨＤだけと診断して安心しないようにしてほしいなと思います。

特にＡＳＤの有無は、支援の対象が大きく異なってきますので、しっかり見極める必要があります。たいていのＡＤＨＤには、障害としての診断レベルかどうかは別としてＡＳＤが重なっていることが多いんです。

10　発達障害それぞれ(4)——限局性学習症

支援の中核は教育

ひと昔前の学習障害です。

支援の主役は医療ではありません。医療ができるのは、鑑別診断までです。

学習障害というのは名前が悪くて、勉強できないのは何でもかんでも学習障害って言われて、かなり誤解されていました。なので、限局性学習症って名前が変わったのは正しい流れです。

限局性学習症は、正確に言うと、学習全体の障害ではなく、読む力とか書く力とか計算する力っていう学習に必要な能力の一部分の障害なわけです。

したがって、知的障害はないこと、他の発達障害では説明がつかないこと、そして、もちろん目や耳、そういう体の障害でないこと、さらに、マルトリートメントとかノイローゼとか抑うつとか精神疾患でも説明がつかない、なんていう除外診断が不可欠です。

学習障害の症状が列挙されているインターネットのサイトをみると、これってＡＳＤだよねって言いたくなる項目が書かれている場合が少なくありません。

実際の療育でも、親や周り、中には学校の先生からも「この子、学習障害かもしれないので」って紹介されてきますけど、ほとんどは知的な遅れがあったりＡＳＤがあったりで、本当の限局性学習症はごく一握りです。

限局性学習症の支援についてですが、鑑別診断までは医療でもできなくはありませんが、やっぱり支援の中核は断然、教育です。たとえば、国立特別支援教育総合研究所の海津亜希子先生のＭＩＭ（多層指導モデル）なんていうのは、必須の支援スキルだろうと思います。

限局性学習症の人の情報の処理については三つに分けて考えることができると思います。まずインプットです。たとえば、今日皆さんは耳から聞いて、目で見て、理解をしているわけですけども、目で見るだけだとなかなか理解できない場合、あるいは耳だけだと理解できない場合など、入力における問題がある場合があります。

それから脳の中での情報の解析です。そして、書くとか読むとか、そういうアウトプットです。脳科学で分析するときは、インプットと解析とアウトプットなんていう、そういう分類をして、それに見合った方略を一緒に考えていきます。

たとえば、目で見て読むのが難しい場合は、耳で聞いて暗記をしてからしゃべるなんていう、入力特性に見合った学習方略をとるわけです。書くのが難しければ、今ＩＣＴっていって、いろんなタブレットだったりパソコンだったりなんていうのを積極的に使う。計算が難しければ、もう古典的ですけど電卓なんていう、そういう苦手な部分を機械で補うやり方をしていきます。

情報処理のどこが苦手なのかを分析して、それに合わせての学習方略をとっていくということに尽きるだろうと思います。

11 発達障害それぞれ(5)――発達性協調運動障害

スキルの問題と理解する

これは、何でもかんでも障害にするのかという向きがなきにしもあらずですが、やっぱりこれで苦労してる子どもが多いのは事実です。つまり、ただの不器用として放置していてはいけないということなんです。発達障害を個性にして放置するのと同罪です。

統計では五パーセント前後となっていて、そんなにいるのかなあ、とも思うんですけど、これもスペクトラムであって、どこで障害という線を引くかによるかもしれません。

ともあれ、わざととか、わがままとか、やる気がないとかでは全然なくて、理解と配慮と支援が必要な状態である、ということは強調しておきたいと思います。

さっき興味の偏りっていうとこでお話ししたように、興味がないってなっちゃうと、「それ、わがままじゃないの?」ってなりがちなんですが、そうではなくて、やっぱりスキルの問題があるんだということをきちっと理解をして、的確な支援につなげていきます。

支援の方向性は二つです。苦手な体の使いが少しでも上手になるように訓練をしていくのが一つです。たとえば、作業療法的なアプローチです。もう一つは、苦手な部分は一筋縄ではなかなかうまくいかないから、回り道をするとか別の方法を取るとか、何か上手にくぐり抜ける方策を学習することです。ここでも成功体験の蓄積っていうことが、やっぱり大事だろうと思います。

発達性協調運動障害は、これまで述べてきたすべての発達障害に、かなりの確率で合併していますので、五パーセントっていうのは全部カウントすればそうかなと頷けるところもあります。

ここまでが一次障害の話です。

12　二次障害について

生まれつきの、もともとの苦手さから来るのが一次障害です。二次障害は、それに見合わない対応をしたことで、もともとはなかったもの、あるいは、なくて済んだものが出てきてしまった状態です。

発達障害があって、それに見合わない教育環境が続いて不登校になっちゃうとか、それがエスカレートして暴れちゃうとかノイローゼになっちゃうとか、そういうのが二次障害です。

「三次障害」

三次障害というのは僕も含めた一部の専門家が勝手に言っていることですが、専門家のミスリーディングによって二次障害をきたした、もう本当に許し難い状態です。

こんなことがありました。ある支援学校での話です。給食の時間になると、なぜかパニックを起こす子どもがいたんです。食事が配膳されて、少し食べるとパニックを起こして食器をひっくり返す癖があるんです。そして、何を思ったか担任の先生は、給食中にパニックを起こすと、もうそこで給食は終わり、お前は別室行きみたいな、そういう対応をしたんです。

それまでその子は、給食が出てきて五分ぐらいは食べられていたんです。五分ぐらい食べたところで、いつもわーっとなっていたんです。きっと何か原因があるんですね。

ところが、その先生はパニックを起こしたらもうそこで給食打ち切り、別室行きみたいなことやった。そうしたら、もうその子は給食の時間だってベルが鳴った瞬間からパニックを起こすようになりました。予期不安ですよね。パニック起こしたら退去とかってなっちゃう不安が身についてしまったわけです。こういうのを三次障害っていうんです。

その先生は多分、問題行動を消去しようと思ったんでしょうけど、子どもにとってはかわいそうな話です。こういう三次障害は、本当に気をつけなきゃいけない。医者の誤診と一緒で、専門家がミスリーディングするのは、本当にいけない。

大人の発達障害の要諦

二次障害では、時系列が反対になっていることがあるんです。つまり、一次障害が先にあって、二次障害が後から出てくる、とは限らないんです。二次障害を契機に、もともとあった発達障害に気がつかれることもよくあるんです。

大人の発達障害なんて、だいたいはそうです。何らかの精神疾患になって精神科に行って、ベースに発達障害があることが判明する、契機となった精神疾患は発達障害の二次障害でした、って場合が多い。子どもでもそうです。学校に行かなくなって初めて発達障害に気がつかれる、みたいなことがあります。

この場合、二次障害になってしまったのは、その時点での関わりにも反省すべき材料があるからなんですが、逆に、一次障害に気がつかれなかったのは、その時点までは、つまり二次障害になるまでは、環境がまずまずだったからかもしれないんです。

そこで、二次障害になるまで、もともとの発達障害が顕在化しなかったのには、本人の適応や周囲の対応に良い点があったからだ、と考えます。そして、それまでの良かった点を探していくのが、大人の発達障害支援の要諦ではないかと思っています。

精神症状と身体症状

さて、二次障害自体にはありとあらゆる症状が出ます。まず心に出る場合と体に出る場合に分けます。つまり、精神症状に出る場合と身体症状に出る場合とがあるんです。

それから別の分類としては、自分を責めちゃう場合、うつになって、どうせ俺なんかとか、もう死んでやるとか、そういう自分を責める場合と、外に向かう場合、他の人を攻撃しちゃうとか、暴れちゃうとか、犯罪を起こしちゃうとか、そういう分け方もあります。

精神症状に出る場合と身体症状に出る場合と、どっちが重いかは、一口では言えないんですが、僕の中では、やっぱり体に出るほうが状態は深刻だろうと思います。なぜかっていうと、心が飛んじゃってるからなんです。

心が飛んで、体からのSOSって状態は、かなりシビアな二次障害だと思います。だって「学校へ行きたくない」って言って不登校になっちゃえば、ある意味、楽かもしれません。でも、そうはならずに無理が重なっていく。「学校は行かなきゃいけないものなんで、休むなんて選択肢はありません」なんて言って、無理して無理して学校に行って、おなか痛くなっちゃうとか、頭痛くなっちゃうとか、朝起きれないとか、摂食障害になっちゃうとか。

対処行動としての二次障害

やっぱり体の症状が出る前に、心からSOSが出ていたはずなんです。つらいなとか、しんどいなとか、やってられんなとかっちゅうのがあったはずなのに、そこを飛ばして、無視して、心の声を聞かないで頑張り続けちゃって、体の症状まで行ってるので、かなりつらい状態だろうなって思うんです。

ちなみに、心の声を聞かないで、体の症状まで進んで、そこでもＳＯＳをキャッチしないで負荷をかけ続けると、脳の症状まで進んでしまいます。これが本当の精神疾患です。脳は体の延長線にあるのです。脳が障害を受けることで、本当の精神疾患になってしまうのです。これが一番シビアです。

さて対応のコツはこうです。大人から見れば「行きたくないから行かないというのは、ただのサボりじゃん」とか言いたくなりますけど、「行きたくない」と言うのはＳＯＳなんです。だから、二次障害については、もう基本は助けてくれっていうヘルプサインとして扱うのが鉄則です。

そういったＳＯＳを受けて、正常化の方向に共同作業をしていくのです。正常化っていうのは、もちろん社会一般的な正常化ではないです。その人にとって、ちょうどよい状態という意味です。

二次障害は、今の私にとって、これはつらい、やってられん、ということです。心も体も健康ではいられないので、何とかしてくれ、いうことです。一次障害や特性があっても良いから、生活がもう少しスムーズになるようにしてほしいということです。

二次障害の症状は、ＳＯＳという対処行動としての意味が強いことを銘記してほしいと思います。

13　二次障害への対応の七原則

身体疾患の検索と治療は鉄則

二次障害への対応の七原則です（表5）。これは、二次障害だけでなく、子どもの心身症や精神疾患全般にも当てはまる原則です。

まず身体へのアプローチです。体の症状が出ているとき、たとえば、おなか痛いとか、頭痛いとか、朝起きられないとか、体の症状が出ていれば、やはり一応、お医者さんに行って、何か体の病気がないかのをチェックしてもらうのが鉄則です。

このあいだ自閉症の重たいお子さんで、おしっこがやたらと出るようになった子が来ました。かなり重たいお子さんなんですが、基本的な環境、おうちとか学校はそんなに悪くない。ただ知的にも重くて、自閉や過敏も強くて、ちょっとしたことがストレスになりそうだな、って子です。

なので、ついつい、おしっこがたくさん出ているのは、何かスト

表5

二次障害への対応の7原則
(1) 身体疾患の検索と対応を行う
(2) 症状を資質や能力としてとらえる
(3) 子どもを支える（受容・共感・支持）
(4) 親を支える（家族支援）
(5) 子どもを取り巻く環境に働きかける（環境調整）
(6) 子どものこころへ働きかける（心理療法）
(7) 身体と脳へ働きかける（薬物療法）

レスがあるんじゃないか、って思いたくもなるんですが、「念のため膀胱炎だといけないから小児科へ行って検査してもらってね」って言っておきました。

次に来た時に「どうだった？」って聞いたら「やっぱり膀胱炎でした」って。「抗生物質飲んで、すぐ良くなりました」って。

やっぱり、身体的疾患の検索と治療は大事だなって思いました。「気のせいでしょ」とかって言って、腎盂腎炎になっちゃったらえらいことになります。

何でも「能力」と捉える

二つ目の「症状を資質や能力として捉える」というのは、ＳＯＳとかヘルプサインを能力として捉えるということです。

何にでも「能力」って言葉を語尾につけるやり方があります。かなり強引かもしれませんし、難しい言葉でいえば牽強付会って言うんですが、でもそういう癖も、つけると役に立ちます。

たとえば、ぐずっている状態を「嫌なものを嫌って言う能力」と言う。不登校も「学校に行かない能力」と捉える。偏食なんかも「自分の好きなものと嫌いなものを区別できる能力」なんて考えてみるんです。

ネガティブな症状をポジティブなものに捉えなおすことって、どうしても難しいんですけども、でも、やっぱり自分に合わないものを拒否する能力っていうのは、すごく重要です。だって、大人になって何でもかんでも仕事受けて潰れちゃうっちゅうのは、やっぱり良くないですよね。だから、駄目なものは駄目って言えるのは、その子にとっての能力だと思ってもらえるといいなと思います。

三つ目の子どもを支える、受容とか共感とかの支持の話は、後で話します。家族を支えることも大切です。さっきから話していますけれども、親は私のせいでこうなっちゃったんじゃないかって思って自分を責めています。確かに、そういう場合もあるんですが、あんまりそれを全面に出すと、ますます悪循環になりますので、取りあえず親を支えることが大切です。

それから環境調整と心理療法。カウンセリングだったり遊戯療法だったり、子どもへのアプローチです。最後は薬物療法になります。

この七原則は、優先順位の順に書いてあります。できれば心理療法とか薬物療法なんかやらないで、上の方だけで解決するのが理想です。治療は浅ければ浅いほどいいんです。

治療は浅ければ浅いほどいい

なぜかっていうと、さっき言ったように、深い治療は副作用も深いからです。浅い治療で治るのが一番です。治療だけじゃなくて支援もそうです。だから三番ぐらいまでで治れば一番いいんです。学校に行きたくない場合、「つらいときはつらいって言っていいし、休みたいときは休みたいって言っていいんだよ」って伝える。すると「本当は学校行きたくないんだよね」って言って、言うだけですっきりするかもしれない。お母さんがそれを分かってあげて、「行きたくないのね。じゃあ、今日くらいは休んでもいいわよ」って言ってくれたら、なお良い。そうすれば、「でも、僕やっぱり行くよ」みたいな。そうやって、さらっと解決するのが一番。

何でもかんでも深い治療が必要ってことでは決してないわけです。

14　愛着障害について

胎児期の愛着障害

次は愛着障害です。愛着障害の基本は、生まれてからの親子関係、特に母子関係に由来するものっていうのが今の主流の考え方です。

だけれども、胎児期の愛着障害という考えもあるんです。これは、まだこれからの概念です。別の言い方をすれば、まだ仮説でしかないんです。

今日は共同作業とか相互関係っていう話をしていますけれど、親子関係、つまり親子の共同作業とか相互関係は、胎児がおなかの中に芽生えたその瞬間から始まっているわけです。母体と胎児とは、ホルモンだったり血液だったり振動だったり、いろんなものを介して相互関係が始まっているんです。

お子さんを産んだ方は分かると思いますけど、胎児と母親は、いつもやりとりをしているわけです。気持ちのやりとりだったり、おなかをさすって胎児が動いたり、そこでもう関係性が始まっているわけです。

その時に、おなかの中に赤ちゃんがいる時に、お母さんがいろんな理由で不安定だと、やっぱり赤ちゃんにも影響するだろうということなんです。たとえば、望まれないでできちゃった子どもだったり、あるいは夫婦関係にすごく心配があったり、姑との仲に心配があったり、「大丈夫だろうか、この子を産んで」なんてお母さんが思っていると、どうしてもやっぱり赤ちゃんにも影響するだろうということです。

胎内にいるときから、場合によっては子宮に着床したその瞬間から、自分を取り巻く環境が不安定極まりない、安定性の欠如が常であるという、これが胎児期の愛着障害の考え方です。生まれた後の愛着障害より、もっと濃い。土台自体が不安定なわけですからね。

ホルモン的なところで関係している、つまり母親のホルモンの変化が胎児に影響しているってことは分かっているんです。ただ、それを愛着障害と呼ぼうというふうに言っているのは一部の人で、まだ科学的な裏付けは取れていません。

だけど多分これは、そのうち科学的な裏付けが取れるようになると思います。生まれてからの愛着障害と、生まれる前の愛着障害という流れになっていくと思います。

内的倫理観が育たない

どっちにしても、愛着障害では物理的にも情緒的にも絆が脆弱で、本来あるべき安定感が希薄なわけです。

愛着関係から得られる大切なことは次の四つ、すなわち、安心感・万能感・対象恒常性・内的倫理観です。愛着障害ではこれらが不足したり、欠落したりします。

まず、赤ちゃんはお母さんから安心させてもらいます。世の中は怖いものではないという安心感、もし仮に何か怖いことがあっても、お母さんが安心させてくれるという安心感を得ます。

それから、赤ちゃんは一人では何もできないけれども、お母さんが手伝ってくれれば何でもできるんだという、いい意味での万能感ですね、これも獲得します。

お母さんは目の前にいなくても、心の中にはお母さんがいて安心させてくれます。「お母さんどこ行っちゃったかな。あ、戻ってきた、いたいた」みたいな体験を積むことで、目の前にお母さんがいなくても、心の中に常にお母さんがいるという対象恒常性を獲得します。

そうして、自分にとってかけがえのない大事な存在のお母さんに、「そういう悪いことしちゃ駄目でしょ」って言われていくことで、「こういうことやったらお母さん悲しむかな」とか「お母さんに怒られちゃうな」っていう内的な倫理観が確立されていきます。

こういう、人生にとって極めて大事なことが、愛着によって育まれていくわけです。逆にいうと、愛着の乏しい人は、安心感とか万能感が育っていかない。そして、目の前になくても自分の心の中にあるという対象恒常性、倫理的な内なるまなざし、つまり悪いことはやっちゃいけないなんていう規範意識なんかが育っていかないんです。

生活全部が不安定

だからもう、生活全部が不安定です。気持ちも行動も不安定です。不安定であることが常なんです。俗にお天気屋とか言いますが。それよりももっと不安定で、何かくるくる変化し続けている、あるいは、地面が常にゆらゆらしているような、そんな状態が常です。

さらに、愛着障害のある人は不安定な人間関係に耐えることが難しいんです。一見矛盾するような気もしますが、そうなんです。愛着障害のある人っていうのは、すべてが不安定なので、安定をものすごく求める、とにかく安定したいんです。特に人間関係で安定を経験していませんから、人との関係の中での安定に憧れるわけです。

だけど、人間関係なんて不安定なわけで、相手だってその日その日の体調があったり、いろんな事情があって、「いつも親切なのに今日は何か冷たいわ」みたいのがあるわけです。「今日は飲みに行かないでもう帰るね」とかって言われると、「何か冷たいわね」みたいな。

人間関係は相手のあることなので、どうなるか分かんないわけです。愛着障害の人は、そういう分かんない人間関係なんていうのに非常に弱いんです。安定を常に求めてやまないですからね。自分が不安定ですから、相手に安定を求めるけれども、なかなかそうもいかない。ある意味、無い物ねだりですが、ともかく、不安定に耐えることが難しいんです。

それから別れることの難しさもあります。愛着障害って、つながることの障害と考えられがちですが、つながることの障害があると、別れることもうまくいかないんです。だって、大事な人は別れたって心の中にはずっといるわけです。

だけど、心の中にイメージができないと、もう一度別れたら二度と出会えないみたいな、永遠の別れになっちゃう。別れ話が出ると、リストカットだの死んでやるだのって大騒動になるわけです。

ある愛着の悪い子どもがいて、しかも、その子は発達障害なんで余計ややこしいんですけど、このあいだおじいちゃんがその子を怒ったんです。子どもが悪さをして、おじいちゃんが「駄目だぞ、そんなことしちゃ」って怒りゃよかったのに、よせばいいのに「そんなことやったら、お前との縁を切るぞ」って言っちゃったんです。

発達障害があるから、縁を切るぞって言われると字義通り真に受けるし、愛着障害があるから、縁を切られたらどうしようって、うわーっとかいってパニックになって……

お母さんはよく分かってる人なので、「そういうこと言わないでくださいねって言ったんですけど、もう何かというと縁を切るぞって言うんです」って言うから、「困ったおじいちゃんだね」って言ったんですけど。「縁を切るぞ」って言われると、発達障害があって愛着障害があると二重のトラウマなんですね。

物質的な確かさと心理的な確かさ

さて、どうしたらいいか？　愛着障害のある子どもは、確かな手ごたえがないまま成長してきています。すべてが不安定で、しかも、ずっと不安定さが続いて来ているので、確かなものがないんです。だから少しでも確かな手ごたえをつくっていく、あるいは、確かだという手ごたえをつくっていくことです。

ここで、確かな手ごたえは物質的なもので、確かだという手ごたえは気持ち的なものです。前者では、モノへの依存とか嗜癖になる危険性とも裏腹なので、できれば心理的な確からしさの方がありがたい。

ペットを飼ってお世話をするなんていうのが、手っ取り早い手ごたえ感を得る方法です。面接で心理的な確からしさを作っていくにはどうしたらよいか。たとえば、「どうせ私の人生なんか何もいいことなかったんだ」って言われて、それに対して「いやいや、そんなことないよ。楽しいこともあったじゃん」って言うのも一つのやり方ですけど、あんまり説得力はない。

そうではなく「あなたの立場に立ってみれば、そういうようにあなたが思うのも無理もないと思うわ」って言って、「私の人生、何もいいことなかった」っていう判断を支持してあげるというのが一つの方法です。

それから、治療者に対して、「先生の治療、大丈夫ですか？」とか言ってきて、ちょっと頭にくる人がいます。「先生、ちゃんと治せますか、私のこと」とかって言っててね。そこで「何を言ってんだよ」とか言わないで「だよね、分かんないもんね、そんなの。あなた今までいろんなヤブ医者にかかってひどい目に遭ってるから、この医者、大丈夫かなって思うのも無理もないよね」みたいな。「でも、私もちょっと頑張ってみるわ」みたいな。

　要は「あなたの立場に立ってみれば、その判断は無理もないよ」っていう、ささやかな確からしさを、あるいは、その雰囲気を共同作業として作っていくことです。

　これからの見通しも重要です。愛着障害の人は確かなものを求めているので、「大丈夫だ」と言ってほしいんです。でも、これまでの人生で、愛着障害の人は、だいたいは大丈夫じゃなかったわけです。

　だから「大丈夫だ」って断言してしまうと「また、この先生、嘘言ってる」みたいな、これまでにおなじみの気持ちが出てきて、またもや不確かな雰囲気になっちゃう。

　なので、大丈夫じゃないかもしれないという見通し、さらには、大丈夫じゃないけど大丈夫だ、みたいな感じです。一見、矛盾してますけど、「どうなるか分かんないけど、その時また一緒に考えていけばいいよ」みたいな、「予定は未定である」とか「分かんないけど、そのとき考えていけばいい」というようなことを伝えます。

　つまり不確かとか不安定ということを共通認識していく、混乱するようですが「確実な不安定性」です。不確かであるということは、その人にとっては確実なわけです。私との治療関係がうまくいくかどうかは分かんない、確かに分かんない。でも、やるだけやってみようみたいな、矛盾するようですけども、そういう意味での確かな手ごたえをつくっていくことです。

15 トラウマ・逆境体験・マルトリートメント・虐待について

愛着障害とリンクしますが、トラウマなどの逆境体験の話をします。

さっき青汁って話をしましたけど、何かの発達障害というフォーミュレーションでその子を診ていて、「あれ？ 何かちょっと変だよね、何でいきなりそうなっちゃうの？」みたいな突然の驚きってあると思うんです。

原因の見えないフラッシュバックがいきなり現れる、なんていうのが一例です。そういうときはトラウマがあるんではないか、何か逆境体験があるんではないかって考えます。

生育歴だったり、これまでの環境だったり、あるいは、最近になって周りからいじめとか虐待みたいなの受けているんじゃないか、って考えることが定石です。

主観に響くような対応をする

ここで、逆境体験っていうのは主観的なものなんです。いじめなんかもそうです。いじめの法律にも書いてありますが、いじめというのは、いじめられた人が精神的につらい思いをしたら、もうそれがいじめなんです。外から見てれば、ただのからかいだったたり遊びだったりっていうレベルかもしれないけど、本人が傷ついていると感じるときは、やっぱり逆境体験としてサポートしないといけない。

その意味では、多かれ少なかれ、発達障害の人は、みんな逆境体験を持っている。支援の現場でそれを持っていない人にお目にかかることは滅多にありません。

ところが、トラウマ症状とわがままと区別が付かないっておっしゃる方も多いんです。けれども、やっぱり本人にしてみればつらいんです。相当つらいんです。しかも、いじめられて、あるいは、トラウマがあってつらいのに、「何、あなたわがままじゃないの？」とか分かってもらえないと、余計つらいんです。

いじめでよくある腹立たしい対応、「いじめなんかじゃなく、遊んでいるだけだよ」とか「いじめなんてとらえるなんて、オーバーだよ」とか、もっとひどいのは「いじめられる方にも理由はあるからね」っておっしゃる先生がいる。確かに、先生がこう言いたくなる気持ちにも一理はあります。でも、子どもや親は、これでは浮かばれない。まずは、つらさを受け止めてあげることから、スタートするべきです。

だって、「つらいよね。大変だよね」って分かってもらえるだけで、後で話していく、抱えのサポートになります。分かってあげる、あるいは分かってあげようって雰囲気を醸し出すだけで、だいぶ違います。逆境体験の一番つらいところは主観的なものですから、こちらもその主観に響くような対応をするのです。間違っても是々非々だけで対応しない。

複雑性PTSDとトラウマの世代間連鎖

それからPTSDも大事です。いじめとか虐待とか大災害の後とか、ずっと続くトラウマによる反応、これを複雑性PTSDと言います。これが人格の在り様じたいを揺り動かすぐらいの、ひどく大変な状態になるんだと言うことが分かってきています。

そういうずっと続くトラウマがあると、発達障害のような症状、多動だったり衝動だったり、あるいは精神疾患のような症状が出てくる。もともとは何もないのに、トラウマがずっと続くことで、発達障害とか精神疾患みたいになっちゃうことがあります。これを発達性トラウマ障害なんていいます。

もうニワトリ・卵論争で、どっちが先かっていうのはわからない。だから、われわれとしては、それこそ、できるところから支援をしていくということが大事です。

トラウマの世代間連鎖も難しいテーマで、なかなか食い止められないだろう、とも思います。この後ちょっとお話ししますけれども、理想的にはやっぱりその世代のうちにトラウマ処理をして断ち切らないと、なかなか世代間連鎖を食い止めることにはならないだろうと思います。

あるお母さんが言ってました。「私は虐待を受けて育ってきて、わが子にだけは同じ思いはさせまいと思って育ててきた。だけど、やっぱり時々うちの親のやってたようなことを、思わずふっとやりそうになっちゃう自分がいて、自分が怖いんだ」って。

例によって「お母さん、どうしてんの？　そういうとき」って聞いたら、「たまにやっちゃうことあるんですけど、大体はそこで自分でハッとわれに返るんで、ブレーキは何とか働いてます。もしやっちゃったら、もう決してすまいってネジを巻きなおすんです」って。

だから、そういう覚悟は大事ですね。強いお母さんなので、そのお母さんは、自分がやられてきたことは、もうやらないようにしようって覚悟で食い止めていますけど、なかなかそういう人ばっかりではないと思います。

なので、トラウマ処理が必要になってくるのです。

16　トラウマ処理について

トラウマは現在のもの

具体的にお話しできるほどの技術は持っていませんので、方向性だけをお話しします。

最近では、いろんなトラウマの処理の技法があります。認知行動療法系だったり、ＥＭＤＲ系だったり、催眠系だったり、体からのアプローチだったり、いろいろあります。僕も一つぐらい身につけたいなとは思っているんですが、皆さんも、自分ができそうなこと、なじみそうな技法を勉強して身につけられるといいと思います。

ここでは総論的な話をします。大事なことは、トラウマは現在のものだということです。正確に言うと、トラウマが起こったその体験自体は過去の体験ですけれども、現在の生活を侵しているわけですから、やっぱり主観的にはリアルタイムであって、「今の現象」なんです。

トラウマに限らず、記憶も現在のものです。過去の出来事であっても、それを思い出しているのは、「今の自分」なわけです。おとついあったトラウマを今思い出すと、やっぱりそこで何かフィルターが掛かるわけです。だから過去の客観的な真実よりも、現在の認知が大事です。ここを変えていくのが認知行動療法系のやり方だと思います。

興味深いことに、人間の脳の記憶って「上書き保存」ではなく「名前を変えての保存」なんだそうです。トラウマ記憶を書き換えたところで、上書き保存で消えちゃうわけではないらしいんです。それはそれで残っているんです。

原則は「リア充」

記憶の書き換えができれば一番理想ですけど、その書き換えができないとしたらどうするか。

原則は、いわゆる「リア充」です。つまり、ほかのいい記憶が脳にいっぱい溜まれば、トラウマの記憶はいい記憶の中で少数派になっていくわけです。

トラウマでつらいのはフラッシュバック現象です。問題行動を見たら、フラッシュバックを考えるというのはさっきもお話ししました。フラッシュバックにもいろいろあって、言葉のフラッシュバックだったり、視覚情報のフラッシュバックだったり、雰囲気のフラッシュバックっていうのもあります。においのフラッシュバック、味のフラッシュバックもあります。ありとあらゆる感覚のフラッシュバックがあります。

フラッシュバックの何が困るかっていうと、いきなり生じることなんです。いきなり来るので、こちらは、不意打ちを食らってコントロールできないわけです。フラッシュバックは、そのものが痛いだけではなく、主体性が奪われてしまうっていう「受け身体験」になるところもつらいわけです。トラウマ自体が同様に受け身の辛さですから、フラッシュバックはその再現であって、二重にも三重にも辛いんです。

たとえば、失恋の話なんかで、昔のアルバムなんかを見ていて、「ああ、こんなことあったよな」って自分で主体的に思い出すのはまだいいんです。でも、いきなり受け身で、ガツンとフラシュバックが来るわけです。

なので、受け身ではなくなって、主体的に記憶にアプローチできて、しかも記憶から来る認知が少しでもネガティブでなくなる方向に進んで行ければ良いのです。

トラウマがすみっこぐらしになっていくように

フラッシュバックから来る強い陰性感情、その強い陰性感情というのは、もう現在の認知なんですが、これをどう書き換えるかということです。記憶ではなく陰性感情の修正です。ＥＭＤＲなんかはこの流れでしょうか、治療者にサポートしてもらいながら、自分で思い出して、自分でその陰性感情を減らしていくみたいなやり方です。

われわれ、なかなかそういう技術を持っていない、トラウマ処理の技術を持っていない場合、いわゆる俗にいう「リア充」ってやつで、毎日の生活ができるだけ充実していくような環境調整的な支援しかできません。

大きな地震の後なんかもそうですよね。生活支援をして、毎日の生活がしっかりしていくということで、だんだんトラウマが過去のものとして記憶のすみっこのほうに、すみっこぐらしにトラウマがなっていくということが、せめてもの大事なことだろうと思います。

第3章　支援の実際——大切にしたいことあれこれ

1　支援で心掛けていること

時間をつなぐ

面接を中心とした支援というセッティングで発達支援のお話をしています。まず、二回目以降で、どんな工夫をするかということをお話しします。

最初にお話をした初回面接の原則、たとえば、待合室に迎えに行くとか、アセスメントしながら支援もするとか、共同作業の雰囲気をつくるとか、そのあたりは全部一緒で、二回目以降も同じことを繰り返していきます。

ただ二回目以降なので、新しいものを立ち上げる必要はなく、たとえて言えば、インストールではなくて、バージョンアップですので、手間と時間と労力は初回よりは少ないと思います。だけれども、初回面接の原則はすべてやっていきます。

ついで、前回からの時間を振り返ります。共同作業というのが大切なキーワードですので、そのために、前回からの時間を振り返るというような、時間で言えば一瞬の作業ですけれども、時間をつなぐというようなことをやります。

たとえば、外来で来たお子さんとかお母さんの場合、カルテを見て、前回いつ来たかな、十一月ぐらいか、そうか、十一月だから二カ月ぐらいたっているかな、なんていう形で、「この二カ月間どうでしたか」みたいなことを聞いて、その間をつなぐような雰囲気を作ります。

前回の記録をさっとその場で見て、「どうでしたか」ってつないでいく。くどくどやっちゃうと時間がかかるので、さっと思い出す。そうして、できるだけ、思い出していることを目の前でやるようにします。

いきなり「今日はどうですか」って言うと、何かちょっと堅いような気がします。時間をつなぐという作業です。

日常生活の変化を聞く

主訴についても確認します。やはり相談の軸は主訴ですから、たとえば、落ち着きがないとか、勉強ができないとか、空気が読めないとか、動いちゃうとか、主訴を改めて確認をして、それがどうなったか、良くなりましたかとか、悪くなりましたかとか、そこから離れない、そのための主訴ですから、それを確認していくのが原則です。

だけれども、主訴はその日によって違う可能性があります。時々刻々主訴は移り変わっていきます。前回とは違うかもしれない、だから、今日の主訴が何かというのも確認します。わざわざ言葉に出して聞かなくてもいいかもしれませんが、もしかしたら今日の主訴は違うかもしれないということも念頭に置いておきます。

支援者が最初の主訴にこだわりすぎて、「いやいや、お子さんの困ってんのは落ち着きがないことなんじゃなかったんですか」みたいに、頭の固い支援者にはならないようにしたいと思います。常に「今ここで」の困っていることは何かっていうことが大切です。

それから、何となくお目にかかっているケースの場合、何となくというのは、定期的に来てもらって発達の確認をするようなお子さんがいるわけです。問題解決型の面接ではなくて、時々会っている人も多いわけです。特に療育の外来だとそうなりがちです。

その場合は、どこが成長したかとか、何が発達したかとか、伸びたことを聞くようにしていきます。コミュニケーション、言葉を含めてですけれども、あと、遊びがどんなふうに広がったとか、いわゆるＡＤＬ、日常生活スキルでできるようになったことは何かとか、集団場面での参加状況はどうかとか、勉強はどうかとか、いろんなことを、日常の生活での変化を聞くようにします。

そのときに心掛けていることは、できるようになったこと、成長したことから聞くようにしていることです。

うまくいった理由を聞く

発達障害の子って、できないことを聞き出すと山のようにあって、できないことがあるから相談に来ているわけで、それも主訴というところで聞いてはいくんですけども、できないことばっかり聞いてると、お互い成功体験も積めませんので、「この二カ月でどんなところが成長しました?」とか「どんなことができるようになりました?」って、いいところを意識して聞くようにしてます。

そして成長したときこそ、その理由をしっかりと聞いていきます。たとえば、トイレットトレーニングですごく四苦八苦してたのに、すっとできるようになった。うれしいけれども、そこで終わらせてはいけない。これもさっきから言っているように、「お母さん、どんなふうにして成功したの?」とか「どんな工夫したの?」とかを聞いていく。

あるいは、勉強ができるようになったって言われたら「何か自分で頑張ったの?」とか、うまくいった心当たりを聞いていきます。たまに「塾行くようになったんです」とか言われれて、ちょっとガクッてきますけど、良くなればそれでもいいんです。

われわれ、何かうまくいかなかったときは、いろいろあれこれ詮索して、原因分析をして、うまくいかなかった理由を考える。それはそれで大事ですけど、うまくいかなかった理由って、考えるとけっこう気が滅入ります。

発達障害ってそもそも、もともといろんなことが下手っぴだから発達障害になってるわけで、うまくいかなかったことをどんどんどん掘り下げて聞いてくと、結局、「僕が生まれたからですね」なんていう不毛な結論になりがちです。ある意味では、行き着くとそうなんですけど……

「この両親から生まれたら、こうなるに決まってるじゃありませんか」とか言った子どもがいますけど、ある意味では当たってるから何ともはや、って感じもするんですけど、そんなこと聞いても、実りのある支援にはなりません。

やはり、何かがうまくいったときに、「どうしてうまくいったの？　どんな工夫したの？　頑張ったの？　それとも何か周りが優しくなったの？　親が理解してくれたの？」っていう、うまくいった理由を聞くことは、支援にはすごくいいんです。インスタントですが、とても有効で役に立つと思います。ぜひ実行していただければと思います。

2　支援の目標

何度も出てくる話ですが、支援の目標を考えることも大切です。どういう支援をしてくかっていうときに、支援の目標を考えないと支援のしようがないな、って思うんです。

さっきも話ししたように、僕は最初の頃は発達障害は治るだろう、治せるだろうということを考えていまして「発達障害を治す」って言って回っていた時期があるわけです。

だけど、よくよく考えてみると、発達障害が治っちゃったら。仕事なくなっちゃうんです。他に何もできることないので。まあ、小児科医に戻ればいいかな、でも、ちょっと体力使うし、この歳ではしんどいなあ、とか思うわけです。

すごく乱暴な言い方をすると、支援をやっている人っていうのは、他人の不幸で飯を食っているわけです。僕なんかもそうですし、皆さんもそうですね。だから、病気や障害があって、不適応があったり毎日うまくいかなかったりという、他の人の不幸があって、それを飯の種にしているんだという自覚を、やっぱり年に一回ぐらいは思い出さないと、非常に思い上がった支援者になっちゃうと思うんです。支援者が不遜にならないために、このことはとっても大事だと思うんです。

発達障害が治るとみんなが幸せになっていいんだけど、でも治ると仕事なくなっちゃうし、他にできることはないし、困ったなみたいな、そういうアンビバレントな、そういうような、でも理想的にはこういう内省があると良いと思うんです。

共同作業からセルフサポートシステムの構築へ

現実には、発達凸凹は治るというものでもないので、不適応の改善とか生きづらさの改善とか、日々楽しく過ごせることが支援の目標としてあるわけです。

大局的な視点から言うと、もはや専門機関だけで解決はしないから、学校も含めた地域移行も目標の一つです。今はやりの共生社会であるとか、インクルージョンみたいな、そういうのも支援の目標でしょう。

当事者の立場に立ってみれば、やはり、自分で自分のことができる、ということが大切だと思います。さっきも言いましたけれど、ＳＯＳを出すとか、人に助けを求めるとかっていうのは、やっぱりあんまり気持ちのよいことではないでしょう。

なので、発達凸凹があったとしても、自分のことは自分でできるという、セルフサポートシステムが当事者の中に出来上がっていくということが、支援の大きな目標だろうと思います。「セルフサポートシステム」っていうのが今日の六つ目のキーワードです。

そこに至るには、やはり、共同作業なんです。みんなで考えて対策を練っていくんです。でも、共同作業も、いつまでも共同作業なんではなくて、最終的には共同作業でやっていたことが、その当事者の中に対象恒常性として、当事者の中に埋め込まれていくというための、一時的な共同作業なんだと思っています。

3　共同作業による成功体験の蓄積

支援で何をするかについて、現時点での僕の結論です。共同作業による成功体験の蓄積です。時系列で書くと、こんな感じです（表6）。見ての通りですが、少し説明していきます。

一つの到達点は、(6)でセルフサポートシステムができて、支援が

表6

共同作業による成功体験の蓄積

(1) SOS をキャッチし共同作業が始まる
(2) 共に特性を分析し適切な支援を開始する
(3) 支援を受け「成功体験」が蓄積される。「できた！」が発達の原動力
(4) セルフエスティームが上がり、特性を含めた「自己理解」が進む
(5) 自己理解に沿った「適切な対処行動」が自分でもできるようになる
(6) セルフサポートシステムができて支援が最小限で済むようになる
(7) 本当に必要な時は躊躇なく SOS が出せるようになる

最低限ですむようになっていくことです。支援の自給自足みたいなイメージです。自分の特性に合わせて必要なものを自分で整えるということです。

当事者がSOSを自覚することが必要

発達障害の人って、さっきから言っているように、何となく学ぶのが難しかったり、苦手なことが他の人よりも非常に大きかったり、それから、それこそ頭を使って工夫するという能力が障害されていたりしますので、セルフサポートシステムが出来上がっていくには、⑴から⑸の過程で、十分な周りのサポートが必要になるわけです。

時系列でいうと、最初に発せられたSOSをわれわれがキャッチするんですが、実は、その前にSOSを発信するという作業が必要です。そうして、発信する前に、当事者がこれはSOSなんだって自覚しないといけません。

たとえば、言葉が遅いなんていうのがあります。これがSOSだという認識がない場合がありま す。このあいだ来た子も、何歳だったかな、五歳ぐらいで、もう典型的なカナー型の自閉症で、われわれからすると、もう二〜三年くらい早めに療育に来れた子どもなんです。

けれども、親にしてみれば、言葉が遅いとかコミュニケーションが少ないとか、全然気にしていない。何せ、とってもおとなしい子なんです。おとなしい子だったんで、困ってもいないし、言葉が遅いのがSOSだとは思ってなかったんです。

でも、こちらとしてはそうもいかないので、現状と見通しを伝えて、できる範囲でそういったことを共有しようとしました。つまり、定型よりかなり言葉が遅い状態だってこと、それではいろいろ不都合なことが出てくること、大きくなると特にそうだってこと、そして、やっぱり少し発達のお手伝いをしたほうがいいかなって、お話をしました。

当事者との認識のギャップを埋めていく

まずは当事者、子どもの場合は親ですけれども、ＳＯＳということを意識してもらうための共同作業が必要なんです。ここを丁寧にやらないと、いつまでたっても先に進みません。

その子に限りませんが、周りの幼稚園や保育園の先生からすれば、明らかにこの子は遅いと感じる。でも親にしてみれば、いやいや、私は困っていません、みたいな、そこでの葛藤。でも、それは支援につながる前のとても大事な段階です。

まず、認識のギャップを少しずつ埋めていく作業が必要なんです。これには、数年かかる場合だってあります。それをやらないで、半ば無理やりに、取りあえず療育センターに、って言ってもダメなんです。時間がかかってもよい、何回言うことになってもよいので、丁寧に支援につないでほしいんです。

いつも言っているんですけど、ビールじゃないんです、療育センターは。取りあえず療育に、ってのはやめてくださいと言ってます。療育センターに行くのにはこういう目標がありますよって、親御さんにも少しはわかってもらって来ていただかないと、共同作業ができないんです。

療育センターで何をするか、たとえば診断してもらうとか、うまい育て方を教えてもらうとか、お薬とか、訓練とか、もう少し具体的に目標を絞ってから療育センターを勧めてくださいって言うんです。そうでないと、つまり、ただ言われたから来ましたっていうのだと、全然共同作業になりません。

共同作業の内容としては、その子にどんな特性があるのかって一緒に分析をして、その特性に合わせた支援を組み立てていくことなんです。

成功体験が大事

そうすると、支援がなければできなかったことが、支援を受けると少しずつできるようになって、親にとっても子どもにとっても成功体験になっていくわけです。それがないと、つまり支援で良いことがないと、話は進みません。

成功体験っていうのがすごく大事です。大人もそうですけども、子どもでも、何かができたっていう喜びは、発達の最大の原動力だと思うんです。試行錯誤して、あれこれやって、最後に出来上がったときの達成感っていうのは、やっぱりないんです。他にない。

発達障害の子って試行錯誤しても、なかなかうまくできない、凸凹があるからなかなかできないんですね。そうすると試行錯誤すらしなくなっちゃいます。だから子どもに、「できた！」っていう成功体験を味わわせてあげることが、とっても大事です。

薬の力を借りた成功体験っていうのもあります。落ち着きがないＡＤＨＤの子で、「落ち着け！」って言われ続けてきたけど、自力ではできない。それが、薬で落ち着けるようになった。「これが落ち着くってことか！」って叫んだ子どもがいましたね。

すると自信もついてきます。そして、子どもの成功体験は、親の成功体験にもなっていくわけです。親の成功体験は、親の特性理解につながります。子どもの成功体験は、親子両方の自信につながっていきます。

すると、十歳ぐらいを過ぎてから、特性を含めた自己理解も芽生えていく。俺はこういうところは苦手かもしれないなあ、とか、興味のないことだと全然やる気が出ないんだよなとか、何でもいいんです。いろんな苦手な部分や凸凹の部分、それについても少し目が向くようになっていきます。

療育センターは卒業が目標

目が向くようになって、成功体験が積まれてくると、そういえば苦手なことはどうやったらうまくいくのかな、みたいな意識が芽生えてきます。そして、それまでの成功体験を思い出して「ちょっと困ったら学級委員の山内さんに頼んでみようか」みたいな、そういうような適切な対処行動というのが、だんだん身についてくるわけです。

そうすると、苦手なことは誰かに頼むとか、あるいは、苦手なことはやらないとか、苦手なときは学校休むとか、何でもいいんですが、自分なりのやり方が確立して、支援の自給自足となって、療育から足を洗う日がくるわけです。

ちなみに、療育センターは足を洗ってもらうために存在するので、ずっと療育センターに来続けないと発達が保証されないというんでは困っちゃうわけです。

療育センターは卒業が目標です。だけども本当に必要な時というのは、遠慮なくSOSを出してくださいと言っておきます。年齢によっては他の機関を紹介することがあるかもしれません。でも困ったら、また一緒に考えましょうって、共同作業のイメージは常に残しておきます。

SOSを出すって、いくつになっても難しいんですが、SOSを出して助けてもらってうまくいって成長したっていう成功体験があれば、SOSを出しやすいわけです。

共同作業による成功体験の蓄積と、セルフサポートシステムの確立による支援の自給自足というのが、支援で何をやっているか、発達支援で何をやっているのかということの、僕の中での現段階でのまとめです。これでうまくいくといいなと思います。

4　抱えと揺さぶり

実際の支援でどんなことに配慮したらいいか、いくつかの切り口からお話をしていきます。

支援は「抱え」と「揺さぶり」に分けられます。抱えはサポートです。精神療法だと支持的精神療法です。「しじ」って言っても二つ意味がありますが、ここではサポートのほうの支持です。命令する指示だと揺さぶりになっちゃうんです。こっちは介入が主体の支援です。

子どもの場合、特にサポートが大事です。さっき観察と関与とどっちがって、観察のほうが大事かもってお話ししましたけど、子どもは発達しますので、発達する力を邪魔しないようにすることが一番大事です。

さっきの三次障害の話じゃありませんけど、ちゃんと考えずに介入してはいけない。生半可な知識で不適切な介入をして、事態を悪くするのだけは避けたい。だったら何もしないほうがまだましってことです。本当にそう思います。自信のないときの介入は、もう本当にどうしようかなって迷って、躊躇しているのがいいと思います。

具体的なサポートは次に話しますけれども、発達支援ではやはり抱えがメインでしょう。抱えやサポートによって本来持っている力、それがちゃんと、それこそ支えられて出てくるようになることが大事です。

この力、いろんな言い方があります。成長の力とか、発達する力とか、病気なんかだと自然治癒力とか、自己回復力とか、精神科だと今、レジリエンスなんて言いますね。レジリエンスって何か、しなやかな柳って自分の中でいつもイメージしていて、風に吹かれてもしなやかにたゆとうていられるような、そういう強さですね。細いけど強いみたいな。そんな自分の中ではイメージなんですけど。

それから家族の力。どんなに大変な家族でも、やっぱりそれなりの家族の力っていうのはあるので、それを損なわないようにしたいなと思っています。

5　妨げない・引き出す・つけ加える

もう一つ、こういう切り口があります。「妨げない」「引き出す」「つけ加える」、これもこの順番です。一つ目の「妨げない」が一番大事です。

虐待の家族を例にします。虐待をしている、あるいは、マルトリートメントをしている大変な家族。傍から見れば、その家族のやっていることっていうのは、どうかなっていう部分もあるわけです。もちろん、一線を越えちゃって、子どもに危害が及ぶようであれば、法的根拠のある介入は必要になってきますが、そこまでいかない時は、家族の持っている力をなんとか探していきます。

子どもにも障害があるし、お父ちゃんも飲んだくれでぐうたらしているし、お母さんもとっちらかっていて療育センターの予約もたまに忘れるし、来たときは、なかなかちょっと大変な身なりしているけれども、でも、ちゃんと連れては来ているわけです。

当事者なりの対処行動をつぶさない

だから大変な生活の中で、それなりにお母さんなりに頑張って来ているわけです。それを否定しちゃうのはよくない。お母さんなりに頑張っている対処行動をつぶしちゃ、もう支援にはならないわけです。

傍から見れば、言いたいことは山のようにあります。もうちょっと洗濯しなさいとか、靴下破れてるよとか、予約忘れてるよとか、言いたくなるんですけど、それを言っちゃおしまいなんです。案外と優しいんです、そういうお母さんは。優しいんだけど、いっぱいいっぱいで、もうキャパシティーオーバーで、うまくいってないみたいな。そういう、もともと持っている力だけど、環境によってうまく出せてないものっていうのを引き出していくような支援が大切なわけです。どうしたら、そのお母さんの持っている優しさが引き出されていくか、です。

反対に、いろんな指導するとどうなるか。おせっかいな人は指導するわけです、そういう人に。でも、たいがいは言うこと聞かないわけです。「こうしたらいいんじゃない？」とか。悪気なく「今の旦那、やめといたほうがいいんじゃない？」とか言うわけです。だけど言うこと聞かないんです。それでいいんです。

こっちの言うことを聞いて、言うことずっと聞いていると、やっぱりこちらが支配して、向こうは支配されるみたいな、家庭でのＤＶ関係が治療関係にも出てきちゃいますので、そうすると無意識の遺物っていうのはそういうことで、何か支配関係が変わっちゃうだけみたいな、虐待とかＤＶ

の家でいうと、治療関係もそんな様相を呈してきますのでよくない。いろいろこちらが良かれと思ってアドバイスをしても言うこと聞かないと、こちらは腹が立つわけですけど、それでいいんです。なので、こういう妨げない、引き出す、つけ加えるという順番を銘記しておいてほしいんです。

ＡＤＨＤなんかのお子さんでも同じことが言えます。とにかくじっとしてない、動き回っている。だけど、じっとしていると落ち着かないんですよね、僕もそうですけど。だから、ちょっと動いていることで、気持ちは安定しているわけです。

もちろん、ものには限度があります。だけど、ひどく立ち歩いてなければいいじゃんって、少し大目に見てあげるわけです。授業中、手遊びしているぐらいだったらいいじゃん。話あんまり聞いてないけど、大事なとこは聞いているからいいじゃんみたいな。

ＡＤＨＤの子って、基本は優しくて良く気がついて、気が散るっていうことと気がつくってことはコインの表裏ですので、あれこれ気が散っているけど、「山内君が鉛筆持ってきてないよ」とかって言って、「あなたは自分のことに集中しなさい」って思うんだけど、いろんなこと気がつくわけです。「よく気づいてくれてありがとうね」って。

それをお薬で抑え込んじゃうことがいいことかどうかっていうのは、いつも悩みます。でも、やっぱり社会の中で生きている存在ですので、あんまり多動がひどいと不利益になるから、お薬でどうしても抑え込むということはやってしまいますけど、できればやらないで済ませたいな、なんて思います。

どんな支援でも、妨げない、引き出す、そしてつけ加えるのは最小限という原則は当てはまるだろうと思います。

6　チューニング――ノンバーバルレベルの共感

抱えの例をいくつかお話していきます。

まず、チューニングです。ノンバーバルレベルの共感です。相手に合わせていく、特に雰囲気を合わせていく支援が大事です。

雰囲気を合わせる

言葉で説明するのはなかなか難しいんですけど、堅く説明したら、こちらの雰囲気とか行動とか音声とか言葉とかを、相手のそれに合わせていくんですね。

子どもなんかだと、僕らが紹介したフロアタイムのやり方です。子どもを観察して、子どもが興味を持っているもの、たとえば、ちょうどここに黒い染みがありますから、こういう染みをこうやっていじくっていれば、一緒になって、こっちにもあるじゃんとか、あっちにもあるじゃんって言って、こっちも染みをいじくっていく。そういう子どもの興味や関心に合わせて、「あそこにもあるね」とかって言って、そうやって行動を合わせていくというようなことがチューニングであり、それが抱えになるわけです。

それから、お母さんや親たちと話をしているときに、僕なんかあんまり上手にできませんけど、言葉の上手な人だったら、方言とかありますね。少し似たような感じのフィードバック、返し方をしてあげるとかもチューニングです。

あとは相手の雰囲気にこちらも合わせる。もちろん、作戦として、あえて合わせない、なんてこともあるわけですけども、でも、最初にお話しした、一緒にいるとか共にあるという、溶け込んでいるような、そういうような雰囲気を出してあげるというのが有効です。雰囲気を合わせていくっていうこと、実際はなかなか難しいけど、できるとってもサポーティブです。言葉の出番はもっと後です。

7　対処行動という視点——「そんな時どうしたの？」

言葉によるサポート

それから、これはもう再三お話ししている対処行動という視点です。これはもう少し言語的な抱えです。

「そんなときどうしたの？」って対処行動を聞いて、お母さんの、あるいはその子の取った対処行動をポジティブにサポートする。その対応がとってもよければ「それでいいよね。上手にできたね」って褒めてあげればいい。今一つだなあと思っても、「それも一理あるね」って言って、ひとまずは抱えるわけです。

一理なので、全部がいいって言っているわけじゃないんです。「そうなるのも無理もないね」みたいな、そういう話をするわけです。どんな行動にでも、対処の工夫として一理があると考えるわけです。そして、より上手な対応を、一緒に探していくんです。

解離・リストカット・自殺企図

代表的な例が解離です。解離って、意識を飛ばして、ぼうっとしちゃうような状態です。非常に劣悪な環境、虐待とかトラウマとか、そういう劣悪な環境で育ってきた子どもは、解離をすることで自分の身を守っているわけです。

だって強烈なフラッシュバックがばっと来たときに、そのフラッシュバックの波動砲の一撃をまともに食らっちゃうと、撃沈されちゃうわけです。そうなるとあまりにつらいから、そういうときに意識を飛ばして、ふっと解離することで、その衝撃を回避する。異次元にワープして回避するようなイメージで、そういうような対処の工夫があるわけです。そういう工夫を頭から否定してはならないわけです。

リストカットや自殺企図もそうです。決して上手な対処法ではないかもしれないけど、やむにやまれぬ、その人なりの工夫なんだって考えてあげるのです。

あまりに辛い人生ならば、いっそ死んだほうがマシっていうのは一理ありますね。われわれはクライアントに死なれると寝覚めが悪いし、大変にしんどいわけですけども、それはこっちの気持ちであって、理屈であって、クライアントにしてみれば、こんなにしんどいんだから死にたいんだ、ということなんでしょう。

死にたい話は後でもしますが、「死にたくなる気持ちは、あなたの立場からすると無理もないけどねえ」って言って抱えるのが原則です。

この前、首吊り未遂の子どもが来ました。原因はいじめだったんです。いろいろ聞いていったら、すごいいじめをされていて、死にたいと思うようになった。

そこでこっちが言うことは決まっているんです。つらい話をじっと聞いて、「そういうことされたら、あなたが死にたくなる気持ちも分からないではないけど、一理あるけど」、一理あるっていうのは難しいなら、「分かる気もするけど、だけど、私はあなたに死なれちゃうと寂しいから、ね。今度死にたくなったら、ちょっと先に相談してよ。相談してから、ちょっとそれ考えよう」みたいな話をして帰したんです。

そして、次に来た時に、いじめをどうしのいでいくかについて、一緒に考えたんです。

まずい対応は、死にたいとか自殺したいとかって言っている相手に、「そんなことをしちゃ駄目ですよ」って返すことです。いや、そんな駄目なのは分かっているわけですよ、本人は。そんなことしちゃ駄目ですって言われたって、死にたいんだから、この先生はもう分からんちんだなあ、となっちゃうわけです。

表面的な対応をしたって上手くいきません。リストカットだって、「そんなの痛いからやめなさい」って言ったって、痛いからやめなさいって言われたって、痛くて楽になるからやっているわけでしょう？　リストカットにも一理あると考えて、その先を一緒に考えてあげてほしいなあと思うんです。

リストカットをしょっちゅうやっている子がいて、この前はやらないで済んだんですって。こちらはそれを聞いて「ほう！」みたいな感じになります。そして「うまくいったときこそ理由を聞く」という原則を発動するのです。「今回はどうしてブレーキ掛かったの？」「何でやらなかったの？」って聞いて、一緒に考えるんです。

いつものように「あなた、その時はどうしたの？」って聞いてあげたら、その時は珍しくその子「ふっとお母さんの顔が出てきて、お母さんの悲しむ顔が見えてきて、やめようって思ったんです」って言うから「そうだよね。お母さん悲しむよね」って。「良かったね、やらないで」って。そういう対処行動を聞いて、それを支えてあげるのが大事なんです。

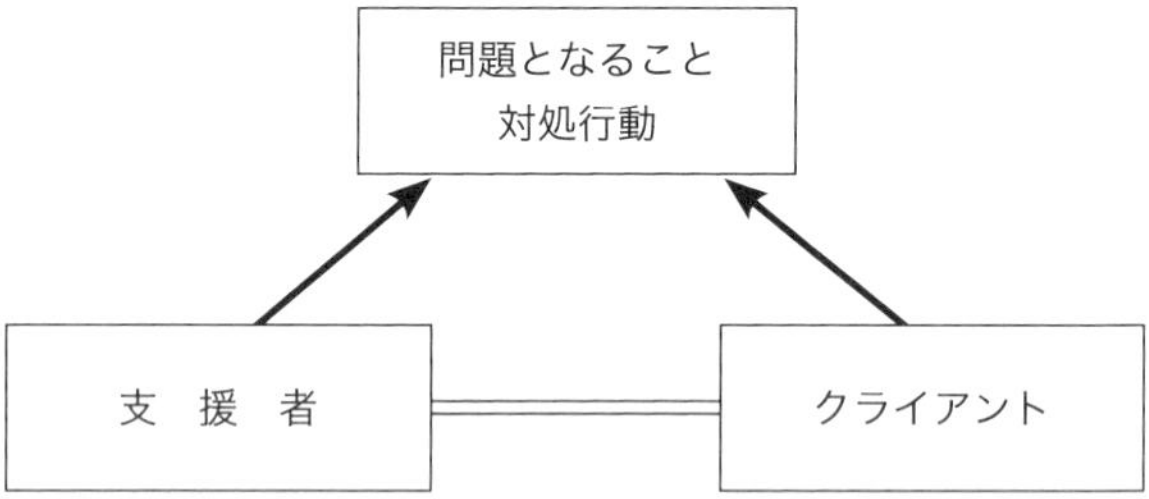

三項関係：一緒に眺める構図を作る

図 1

三項関係

それから三項関係も大切です（図 1）。最初のほうでも言いましたけど、私は問題を解決する人、あなたは問題を持ってきた人っていう二者関係ではダメなんです。問題は二人の外にあって、たとえば空気が読めないという問題はあっちにあって、それを僕とあなたで、空気読めないっていうのをどう解決していこうかみたいな、そういうのを三項関係っていうんです。

三項関係をつくる時にも対処行動を聞いていきます。たとえば「空気を読めない時、あなたどうしてるの？」って聞いてあげると、その空気を読めないっていう問題が少し外側に行くんです。「俺はどうせ空気読めなくて、もう駄目なんだ」「いやいや、そんなことないでしょ。空気読めるでしょ」「いやいや、もう駄目なんだ」みたいな押し問答にならないようにする。「空気読めるように頑張りなさい」「先生、何むちゃくちゃ言ってんの？」みたいな話にしない。

対処行動を聞くという原則に沿って、「あなたどうしてるの？」って聞いてあげて、「僕はこうしているんです」みたいな話が出てきたら、「それいいじゃない」みたいな。

とにもかくにも、対処行動について一緒に話題にしていく。問題があって、その問題に対してどう対処したかっていう話を一緒にしていく。これも共同作業ですね。三項関係って言ったり共同作業って言ったりしますけど、いろんな意味で有効だろうと思います。

8　いわゆる「共感」

次は共感です。どんな教科書にも必ず出てくる概念ですが、これが難しいんです。

とにかく、言葉が曖昧すぎてよくないんですね。共感するとか、あるいは、それと似たような、寄り添う、なんていう言葉が出てきたら、できるだけ具体的な言葉に置き換えてください。

たとえば、「私あなたに共感しました」って言われたって、「何それ」っていう話になります。「寄り添う支援」もそうです。「寄り添うって隣にいるだけですか」って言ったアスペの子がいますけど、そうなっちゃうわけです。

こういう分かったようで分かんない言葉のときは、具体的な言葉、もっというと具体的な行動の言葉に置き換える癖をつけてください。それが一つです。

自分が共感されたときの経験を参照する

そのためには、今日のキーワードの相互関係に注目します。共感っていうのは、共感する、共感されたという、お互いの関係です。われわれ支援者がしているのは、共感するほうなんです。だけども、共感するっていうのはなかなか難しいので、逆を考えてみます。自分が共感された、あるいは寄り添われたっていう経験は、皆さんもそれぞれでお持ちだと思います。そのときに何をしてもらったか、何があったか、どう感じたか。それが、それぞれの皆さんの共感とか寄り添うっていうことの、原点なんだと思うんです。

自分が共感されたときの経験を参照してみるのです。もちろんそれが全部あてはまるわけではなく、それを汎化しちゃうことは危険でもありますけれど、立場を変えてみることが、ヒントになると思うんです。寄り添われた時とか、共感された時ってどうだったかなって思い出すと参考になります。立場を変えるっていうのはすごく大事です。

余談ですが、僕の師匠が「どうやったらいい結婚相手を見つけられますか」って問いに「どうやったらいい結婚相手に見つけてもらえるかも考えないさい」って答えたんです。見事な立場の転換ですよね。

自分がどう見つけるかじゃなくて、相手にどう見つけてもらえるか。禅問答って言ってしまえばそれまでなんですけど、でも、同じです。自分が共感された。それが相手にどう共感するかの手掛かりになります。手掛かりでしかないですけどね。

非言語での共感

実際のテクニックとしては、一生懸命相手の行動を観察して、こっちも同じ行動を真似をしてみるっていうのがあります。たとえば、自閉症の子どもが、いわゆる常同行動をしていたら、こっちも同じ行動をしてみる。案外、真似るのは難しいんです。なので、観察するだけでも共感につながりますし、本当に真似をして見ると、なんとなく気持ちがわかった気にもなります。

相手が怖い顔をしていたら、こっちも怖い顔をしてみる。端から見ると変な支援者になっちゃいますけどいいんです。泣いている相手を見てこっちも泣いちゃったら、それもいいんです。つらそうな相手を見て、こちらもそういう、専門家としてではなくて、素の人間として接する。こういうときに人間としての力が出るんです。

上手な臨床家って、素の人間に戻るのも上手なんです。相手がつらいときはこっちもつらくなって一緒に泣いちゃうなんていうのは、ある意味、最大の共感です。雰囲気とか身ぶりとか姿勢とか表情とか。それを実際に同じことをやるのでもいいし、同じことをやっちゃうと何か専門家として嫌だなっていうときは、イメージの中で、こちらも心で泣くなんていう、そういう非言語での共感が一つです。

音声での共感

僕が好きなのは音声での共感です。雰囲気を間投詞で返すやり方です。「へぇー」とか「ほぅー」

とか「ふーん」と。「あーん」とか「えー」みたいな感じです。もう、音声ですから何でもいいんですけど、「はぁ、大変ね」みたいな。大変ねって言うと言語になるんですけど、「はぁ」っていうところでこちらの感じている雰囲気を相手との場においてみる。「おー」とか「ふー」とか「いやー」とか、いろいろ工夫してみると面白いです。皆さんが、自分なりの間投詞を使いこなせるといいと思います。

言語での共感

一番難しいのは言語で共感することです。これは本当にぴたっとはまんないと、なかなか分かってもらえた感じがしないんです。うっかり軽はずみに曖昧な言葉を投げ掛けるとダメです。言葉での共感はしっかりミートしないと空振りで逆効果です。そうなるんだったら、しないほうがまだましです。

たとえば「大変ですね」って言うと、「何が大変なんですか」とか言われちゃって、「あなたには分かりませんよ」って、こういう展開になるわけです。こういう場合は、「あなたの話をきいていると大変だなっていう気になったのよ」って言えば、まだ共感的なんです。

共感まではいかなくても、相手と支援者が言葉を紡いでいく、あるいは、言葉をつないでいくこともよい支援になります。それにはインタビュー番組が参考になります。阿川佐和子さんなんかすごく上手ですよね。あとは往年の黒柳徹子さん。

上手なインタビュアーっていうのは、引き出すのがうまいんですよ。分かっていても乗せられちゃうんですね。だから、こういう番組を見ていると面接の参考になります。言葉をうまくつないでくんです。

もちろん言葉だけでなく、タイミングも、雰囲気も、内容も、しっかりつながって、何か、どんどんどんどん相手を引き出して、相手をもっと出させるみたいなやり方です。インタビュアーっていうのはそれが仕事なんだけど、言語で上手に共感をして話を引き出す能力は、われわれにも参考になるテクニックです。

業界の以外の人からの勉強っていう話を後でしますけども、下手なインタビュー番組も参考になります。相手の話の流れの腰をボキボキ折るアナウンサーっていますからね。いや、そうじゃないだろう。そこはそうじゃないだろう。そこ突っ込むとこじゃないだろうとかいう、本当にマイペースな、これも反面教師として参考になります。あ、一番話の繫がらないのは最近の政治家や官僚のやりとりですね。わざとの外し方が勉強になります。

共感というのはノンバーバル、音声、言語というようなレベルでそれぞれやって、これらが上手にできると、すごい支えになります。

9　気持ちと行動を結ぶ

心と体をつなげていくような言葉かけ

心身二元論という考えがあって、心と体と分けて考えるんですけど、これは物事を考えるときの便宜的なものであって、もともとは心も体も一つです。

だって皆さん、そうでしょ。今、心と体って、自分の中で分けられます？　私は私で、広瀬宏之は広瀬宏之であって、たとえば、今くしゃみしたいなって思っているけど、それだって心と体に分かれているわけじゃなくて、鼻の辺がむずむずしているだけですからね。

さっき二次障害が身体に出るほうが重いなんてお話ししましたけど、心と体が解離した状態が心身症なわけです。心のSOSを体が代弁しているという状態です。そこで、普段から心と体をつなげていくような言葉かけを意識しておきます。

ちょっと余談になりますけど、やっぱり人間って、何でもかんでも二つに分けたがりますよね。黒と白とか、愛着なのか発達なのかとか。それは、あくまで議論を整理するためです。二つに分けないと、ごっちゃにしていると、何が何だか分かんないから、一応、便宜上分けて考えると、考えやすいわけです。

だけど本来は一つなんです。虐待を受けてきた発達障害の人が「虐待と発達障害と、どっちが大変でしたか」って聞かれて、「そんなこと言われたって私は一人なんで、両方大変でした」って言ってました。分けるのは、あくまで便宜的なものなので、本当は一つだということです。

でも、調子の悪い時は、心と体のつながりや、行き交いが悪くなっています。なので、心と体をつなぐような問い掛けをしていくのを、一つの技法として持っているといいんです。

やり方はこうです。気持ちが出てきた、たとえば、悲しかったんですっていう気持ちが出てきた時には、その時の行動を聞くようにします。「悲しかった時、どう行動したの？」って。それに対して「ビールを浴びるほど飲みました」とか「寝ちゃいました」って。

そうして、それも一つの対処行動ですから、さらに「それをやって楽になった？」って聞いていく。すると「朝起きたら、ちょっとすっきりしてました」みたいな、ささやかな成功体験が聞けるわけです。

対処行動を聞くときもこれを意識しておきます。気持ちの話が出てきたら、どういう行動をしてたのかを聞くようにします。ストレートにどういう行動してたのって聞くと、ちょっと堅いんですけど、イメージとしては「何をしたの？」みたいな、そういうことです。

「分からんちんの先生がいて、もうすごいむしゃくしゃしたんです」「で、どうしたの？」って聞きます。そうしたら、「友達に思いっ切り愚痴を言いました」みたいな。そういうような気持ちと行動とをつなぐ問いをしていくんです。

反対に、行動が出てきたら気持ちを聞いていきます。なんでもいいんですが、リストカットや万引き、万引きがいいかな。「万引きしました」って言われたら「その時はどんな気分だったの？」って聞いていきます。「ばれるんじゃないかと思って、どきどきしてました」「取った瞬間は？」「やったぜと思いました」みたいな感じです。「成功した時は？」「無性に楽しかった！」みたいな気持ちを聞いていきます。

そして、「わかる気はするけど、ちょっとどうかな…」みたいな介入をしていく。「だけど、それやっぱまずいよね。楽しかったのは分かるけど、万引き以外の行動で楽しかったっていう気持ちが味わえるといいよね、って思ったけど」みたいなやりとりです。

とにかく気持ちと行動っていうのは、いつも対にして、どっちかが出てきたら、反対を聞く習慣をつけておくといいと思います。これも支えであり、抱えになります。

10　薬物療法について

次は薬物療法についてです。

発達支援の中で、医者じゃなきゃできないことって薬物療法だけだと思います。もちろん制度上、たとえばリハビリのオーダーを出すとか、これから公認心理師になってくると、公認心理師に指示を出すとか、形式的に医者がやんなきゃいけないことってありますけども、本当に医師免許が必要なことって薬物療法くらいだと思います。

ここでもやっぱり大事なことは、共同作業の雰囲気を作って、実際に共同作業をしていくことです。そのためには、薬物療法についてちゃんと説明をすることが不可欠です。どういう見通しがあって、どういう症状に対してこの薬を使うと、どういう効果が期待されて、どんな副作用があって、副作用の時はどうしたらよいか、などなどです。

でも、こちらもちゃんと説明をしているつもりだけれども、やっぱり次に来たときに聞いてみると、よく覚えてなかったり、伝わってなかったりします。なので、何度も同じような説明をしないと難しいんです。「言ったじゃん」とか言っても駄目なんです。「言ったじゃん」って言って伝わってなかったら、伝えたほうの伝え方が悪いわけです。

思い込みの共同作業

何度でも「この薬使うとこうなるよ。それから副作用としてこういう可能性があるよ」とか「効き目は何日ぐらいで表れるよ」とか「毎日飲まないと効かないよ」とか「いらいらしたときに飲めばいいんだよ」とか、根気よく伝えていきます。だって、よく分かんないけど薬もらって飲みました、っていうんじゃ共同作業になりませんし、効き目も上がらないんです。

さっきもちょっとお話ししましたけど、何となくこれ効かないかなと思うと、やっぱり効かないんです。僕は言葉には出しませんけど、「どうせ効かないよ」って口に出したら、まず絶対効かないのです。そうじゃなくて、効くと思って出す、飲む人も効くと思って飲む、そうすると効いたような気になってもきますし、実際に効き目も出やすいのです。

そういうのは、本当の薬の効果じゃなくて、プラセボ効果っていうんですが、いいんです、それで効けば患者さんの利益になりますから。こんな非科学的なことを言っていると、また、まっとうなお医者さんに怒られちゃうんですけど。

やっぱり利用者が楽になってなんぼの世界ですので、こちらも効くだろうと思って、相手も、じゃあ、これ飲むと効くかなって、思い込みの共同作業ですね。それも気をつけていないと変な世界になっちゃうんですけども、でも、やっぱり処方する人と処方される人の目指していく方向が一緒じゃないと、なかなか効き目は出ません。

だから、こちらは効くだろうと思っていても、子どもがすごく飲みたくなかったり、実は親御さんが飲ませたくなかったり、学校の先生の気が進まなかったり、どこかにマイナスの要素があると効き目は落ちます。

最近は学校の先生も薬を希望されるようになってきていますが、一昔前は、それこそＡＤＨＤの子にリタリンなんか出そうもんなら、「私の学級運営の方針が悪いとかおっしゃるんですか」って言って、食って掛かってきた先生がいましたねえ。まあ、そうだとしても、ストレートにそうだとは言えず困ったんですけど、何か自分が悪いから薬出されたみたいに、すごく誤解してる学校の先生もいて、それではやはり効かんだろうと思うんです。

とにかく関係者全員で、これは薬だけじゃないですけれども、同じ方向を向いてないと、やっぱり効かないです。

ちなみに、発達障害の場合は、薬は揺さぶりよりも抱えです。インフルエンザの薬のように根っこから治すものではないのです。あくまで対処療法の域を出ません。取りあえず少し落ち着いてもらうとか、取りあえずいらいらを減らしてもらうとか、取りあえずいっぱい寝てもらうとか、サポーティブなものです。薬が揺さぶりになっちゃったら、それは使い過ぎです。

なので、薬もあくまで環境調整の一環みたいな形で処方します。もちろん本当の環境調整で良くなれば薬の出番はありません。クラスの状況とか、隣の席の子とか、先生のやり方とか、そういうのがうまくいけば、薬なしでも済むんです。

「取りあえず薬」

それから「取りあえず薬」っていうのもアリです。本当はこんな処方はできるだけないほうがいいんですけどね。

たとえば、虐待の家庭で、子どもがいらいらして落ち着かないなんて、いや、薬じゃどうしようもないんだけどな、って思うんです。これ薬じゃないんだけどな、って思うんです。

でも何かしないと、このままじゃあこの家庭は変わんないだろうって気もしている、皆さんも経験あると思いますけど。この家庭、なかなか変わんないから、取りあえずしょうがないから薬、こういうときは取りあえず、なんです。

取りあえず薬で、何か少しでもちょっとずつ変わってくといいかなって。治療や支援は末端からっていうのはそういうことで、本当は家族の問題なので、薬なんか効かないだろうって思うんだけど、でも、ちょっとでも家族の中で歯車がかみ合うようにしていくのも大切なんです。

しょせん、末端に作用する対症療法ですけど、それが大切な場合も、少なからずあります。たとえば、子どもがおとなしくなって静かになったら、あるいは、夜中におとなしく寝ていてくれれば、やっぱり家の雰囲気は良くなりますからね。いろいろな要素があって複雑っちゃ複雑ですけども、薬も役には立ちます。

今日はドクターも何人か来てますけど、お医者さんじゃない人は、まず、お薬がどんな症状に有効で、どんな時に役に立つのかっていう、お薬が必要な状況を知ってほしいと思います。発達障害で常時使うお薬なんて十種類ぐらいです。たかだか十種類ぐらいですので、勉強していただくとよいと思います。

そして、もっともお願いしたいのは、処方するドクターにきちんと情報を伝えていただくことです。処方前に学校でどうか、それから処方後の変化はどうか、それを知りたいんです。家での情報は家族から聞けますけど、たいがいは学校とか幼稚園とかで困っての処方になりますので、お薬を使って良くなったのか、悪くなったのかを伝えてほしいんです。

この情報がないと、本当に主治医としては困っちゃいます。「効いてますか?」って聞いても、「さあ……」「学校の先生、何て言ってますか?」「さあ……」、どっちなんじゃって感じです。どっちなんじゃっていうか、困っちゃうわけです。だから、ぜひ前後の様子を伝えていただきたいと思います。そして悪くなったことも絶対に伝えてほしいと思います。

11　多職種連携のコツ

最近はやりの多職種連携、他職種連携でも同じですね。

はやりって言いましたが、結局チームでアプローチをしないとどうしようもないんです。介護でも同じですね。一つの専門職だけで支援は完結しませんので、チームアプローチが必要なんです。

「相手のことは知らない」が前提

このとき意識したいことは、こちらは相手を知らない、ってことです。知らないって言っても、何々小学校の支援担当の何とか先生だっていうのは知ってますし、場合によっては顔だって知っているんです。

だけど、実際に先生たちが現場でどういうご苦労をされて、どういう支援をされて、良い支援をしているとしても、職種が変わるとよくわからないんです。ですから、相手のことは知らない、っていう前提が大事です。

それから逆に、こちらも知られていないという意識も必要です。お互い知ってるはずだって思っていると、決してコミュニケーションはうまくいきません。お互い知らないんだっていう前提のほうがうまくいくと思います。

自分の例でいうと、横須賀なんかだと、診察時間って大体再診の人でも二十分ぐらいは取れるんです。初診だと小一時間。ただ、それは診療報酬による収益をあまり考えないですんでいるから、そういうことができるんです。療育センターみたいな公的機関の場合は、診療報酬以外に助成金とか補助金とかで経費は賄っていますので、診療報酬で稼ぐ必要はそんなにない、その分、時間がゆったりとできるわけです。

ところが、たとえばクリニック、精神科のクリニックなんかだと、一時間に最低でも四人診て、とんとんぐらいなんです。いや、四人でもペイしないのかな。小児科だと、一時間もう八人から十人診ないとペイしない場合が多いんです。小児科だと通院精神療法って取れませんのでね。

僕が月一回いっているある病院の小児神経外来では、一時間に八人ぐらい診ているんです。一人六〜七分。しかも、ほとんどが発達障害だったりするわけです。そして、学校の先生からA４で二〜三枚ぐらいのレポートが届いて、ご指導お願いします、って書いてあるんです。読むだけで時間切れ。「もう、何をしたらいいねん！」って思うんです。

なので、お互いそれぞれが大変なんだって思いやりも必要でしょう。学校の先生は学校の先生で、やっぱり時間もない。今、学校の先生たちの大変な労働環境がニュースになっていますけど、お互い知らないという前提じゃないと、やっぱり腹も立ってきます。

オープン・ダイアローグでも言っていますが、対話をするということは、チーム全体が分かりあっていないっていう状態から、だんだん分かっていく、理解していく、変わっていくということなんです。

そのときに、それぞれ今日いらっしゃっている皆さんの地域資源、何があって、どう使えるのかをリサーチしておくことも大事です。さっきも話しましたけど、何でもかんでも療育センターにって、目標や目的、その療育センターでどんなサポートをしてもらえるのかもろくに調べずに、療育センターに丸投げをすると、お互いに不幸です。

その地域でどんなところが使える資源としてあるのか、教育相談センターにしても、児童相談所にしても、療育センターにしても、何とか病院にしても、どの程度のことがお願いできるのか、たとえば、診断はお願いできる、処方はお願いできる、訓練はできないとか、検査は取れないとか、その機関の機能をリサーチする。そしてそれぞれができることを寄せ合って、チームみんなで補い合っていくことが大事だと思います。

12　個人情報のやりとり

チームで支援するためには、やっぱり個人情報のやりとりが必要で、しかもそれを丁寧にやっていくことが大事です。

昨今、特に個人情報の保護っていうことが強調されていますね。でも、支援で大事なことは、個人情報の保護を優先にして、「いや、それは個人情報だからお伝えできません」とか言って、支援が本末転倒にならないようにしていくことです。

上手に許可をとる

より良い方向に向けた個人情報のやりとりですから、この子の発達とより良い生活、つまり学校生活の改善とか家庭生活の改善など、連携の目的を親御さんに説明して、許可を取ればいいんです。情報のやり取りの具体的な目的を伝える、たとえば、この子が学校でちゃんと過ごせるようにとか、楽しく過ごせるようにとか、勉強がもうちょっとうまくいくようにとか、そういう目的をちゃんと伝えて、「学校の先生とやりとりしていいですか」って許可を取るようにします。

そうでなく、ただ漫然と「学校の先生とやりとりしていいですか」とかって言うと、誤解されかねない。言葉が足りないと、親御さんは疑心暗鬼になります。

たとえば、親御さんが学校に対して不満を持っている時とかってありますよね。診察室に来て、学校の先生の悪口をワーッて言うわけですよ。

そんな時に無造作に「学校とやりとりしていいですか」って言ったら、「え？　今のこと言うんですか」って、こうなりますよ、そりゃね。「いやいや、それは言いません」って言うんですけど、丁寧に説明をしないで、ざっくりとやっちゃうとうまくいかないんです。

お母さんにも表裏があるんです。学校の先生の悪口をワーッて言うってことは、その根っこには、良くなってほしいと願う気持ちもあるんだと思うんです。お互いに何らかの誤解があるかもしれないけど、もう少し何とかしてほしいっていう、そういう思いがきっとあるはずなんです。だから、「この子にとってより良い環境を設定するために、学校とやりとりしてもいい？」って目的を言って、許可を取ればいいんです。

その時に、僕は必ず「これ言わないでほしいってオフレコ情報は教えといてね」って聞いておくんです。すると「今の悪口言ったことは内緒にしてください」「分かった。言わないよ」ってなります。「内緒にしておいてほしいことは教えてね」って条件をつけても、連携が駄目って言われたことは一人ぐらいしかないですね、家族のガードが固くてね。それは学校の問題じゃなくて家族の問題だと思いますが、ともかく上手に許可を取って、ちゃんとやりとりをすることが不可欠です。

オープン・ダイアローグ

オープン・ダイアローグの理念と重なりますが、共同作業、多職種連携、チームアプローチ、その中に絶対、当事者は入っているべきです。

ただ、さっきから言っているように、あくまでそれは理想なので、現実はなかなか難しいんです。虐待しているお母さんをケース会議に呼ぶなんていうのは、よっぽど腕のある支援者じゃないとできません。けれど本当は、当事者も子どもも含めてチームに入って、みんなで共同作業をしていくのが理想です。せめて、カンファレンスなんかしている時に、ちょっと、ここに当事者がいたらどうなってるかなって、イメージするだけでも違ってきます。

ちょっと脱線しますが、精神科系の業界で、いろんなはやりがあって、オープン・ダイアローグっていうのは一〜二年前にはやっていて、今ちょっとどっちなのかな。下火になったのか、もうだいぶ普及したのか分かりませんけど、あともう一つはマインドフルネスっていうのがあります。

そういう、今はやっているのは、やっぱり何かしら目新しい所見がありますので、次のところでもお話ししますけども、さわりだけでも触れておくと役に立ちます。

その時はオリジナルに近い参考書で勉強することが大事です。本当は作った人のライブの講演がベストですけど、なかなか難しいですね。なので、オープン・ダイアローグだったらフィンランドのヤーコ・セイックラ先生の本が出ていますけども、そういうオリジナルで勉強することです。マインドフルネスだったらジョン・カバット・ジン先生や、それに近い人の本を読むことが大切です。

今はやっている流派や技法っていうのに触れておくと、すごく勉強になります。今はやっているってことは、裏返して言えば、今までになかったこと、あるいは今までもあったけれども、ちょっとバージョンアップして目新しくて、なるほどって思わせるように作り変えられていますので。オープン・ダイアローグも別に目新しいことは、僕的には何一つとしてないんですけれども、ただ、今これだけ流行っているということとは、うまくいってない精神科の相談の世界に風穴を開けるためなんだろうって思うんです。ですから、ぜひ触れていただけるといいかなと思います。

13　相談が終わるとき

理想は内的なサポート・イメージができること

相談が終わるとき、これもとても大事なことです。学年が終わるときでも、卒業するときでも、何でもいいんです。終わるときっていうことです。

支援や面談の理想形は、支援が永続するつもりで日々会っていくことです。「一度出会った縁に別れはない」ということです。それを言い換えると、ケースの中に、自分の内的なサポート・イメージができるように支援していくということです。

内的なサポート・イメージ、たとえば、こんなとき先生だったらどうするだろうとか、どうアドバイスするだろうとか、どういう処方をするだろうかってことです。

僕は困ったときは必ず、こういうケースだったら、神田橋先生だったら何て言うかなとか、どんな処方するかなって、必ず考えます。師匠の内的なイメージがあるからです。実際に電話をして聞いてしまうこともあります。

同じように、こんなときに先生だったら何て言ってくれるかなとか、そういうイメージがクライアントの中にできるのが理想です。

現実に相談を終えるときはどうするか。物理的に一年で終わっちゃうとか、そういうときはしょうがないんで、一年の間にできることをやって引き継いでいけば良いのです。「一年で問題を解決するぞ」って意気込まないことです。クライアントの人生は長いし、その中のわずか一年です。支援者の気合が入りすぎていると、あんまりうまくいきません。

支援の自給自足

一方で、終わりのなさそうな相談ではどうするか。相談をやめるのも試しにですから、ちょっと試しに間を空けてみるとか、試しにやめてみるとかの提案をしてみます。

「いつまでも相談に来てもらっていてもいいけど、何か困ったたんびに相談に来なきゃいけないってなると、あんた自立せんから困るだろう。ちょっと試しに間を空けてみて、間を空けても何とか自分でできるようだったら、だんだん足洗ってくといいよね」みたいな話をします。そうして、やめてみて難しければ、また再開すれば良いのです。

理想は困ったときにいつでも相談できる体制があることなんです。でも、これは理想で、現実はそうもいきません。なので、実際はやっぱり自分で自分のことを支えられるという、さっきもお話ししたセルフサポートシステムが出来上がって、支援の自給自足が出来るようになって、相談から足を洗ってもらえることがベターだろうと思います。

第4章　役立つ支援者になるには——自身のトレーニングについて

1　意識しておいてほしいこと

最後の章では、役立つ支援者になるには、というテーマで、支援者自身のトレーニングについて、お話をしたいと思います。

家族のがっかりを支える

僕もそうですし、皆さんもそうかなと思いますけど、こういう仕事をしている人というのは、子どもたちの成長・発達の役に立つこと、つまり、われわれがケースに関わって、それによってみんなが成長・発達していくことで、飯を食っているわけです。

ところが、発達障害の支援っていうのは、なかなかそんな単純なものではないんですね。子どもの発達障害だけじゃなくて、親の事情とか考えとかっていうのもあって、思いどおりにいかないことも多いわけです。

親の立場で考えてみます。たとえば、発達障害ですって言われて、診断名を告知されるわけです。最近はポジティブに受診され、「分かって良かったです」って言ってくださる人がだいぶ増えてきましたけれども、大抵はそうではなくて、固まっちゃって、頭真っ白になっちゃって、がっかりして帰っていくわけです。

でも、そこをなんとか突破しないと、つまり、発達の凸凹やら特性を分かってもらわないと、支援の対象というのを分かってもらったことにはなりませんし、いつまでも共同作業にならないわけです。そこで、ケース、特に家族のがっかりを支える、という、大きな仕事が待っているわけです。

不確実性に耐える

不確実性に耐えるってことも必要です。これは皆さんに共感してもらうことが多いんですが、われわれの仕事って、なかなかうまくいかないんですね。これをすれば大丈夫っていう決定打もないし、確実に達成感が得られるわけでもない。ケースはひとつひとつ違いますし、基本は手探りでの支援です。たまにうまくいって、いいことしたかなって思う時もあるんですけど、たいていはすっきりとはいかないんです。

僕なんかもそうですけど、医者になったのは、病気を治して、人を幸せにして、それで飯を食ってこうと思ったからなんです。でも、なんだか発達障害は治んないし、うまくいったなあっていうことは滅多にないし、何かしんどいなって毎日が続くんです。

でも、そんな毎日でも仕事をしていかなくてはいけない。だから、うまくいかないことに耐える、不確実性に耐えるっていうのは、すごく大事です。

ささやかな万能感や自己愛を支えにする

われわれは「これもできる」「あれもできる」って万能感がないと生きていけません。そんなにたくさんでなくていいんですが、少しはないとやっていけない。同じように自己愛も必要です。多すぎると困りますが、全然ないと仕事にならない。健全で、ちょうどよいくらいの量の万能感や自己愛がないと、「あれもできない」「これもできない」ってなって、この業界でやっていくのは難しくなります。

ささやかな万能感や自己愛、たとえば、多少のノウハウは身についてきたし、少しは役に立っているのかなっていう感覚もあって、それが少しは支えになるんですが、それだけで達成感の得にくいこの業界で乗り切っていけるかどうか。

ありそうな事例ですけど、知能指数が六十の子どもで、われわれ専門家から見ればどう見ても支援級のほうがいいだろうと思う、でも親は通常級でやっていきたいとおっしゃる。こっちとしては、どう考えたって通常級はハードルが高くて、しんどいだろうって思うんだけれど、親が頑として頭を縦に振らないからどうしようもない。これじゃあ子どもが大変だろうに、何だかやってられないなあ、って思うわけです。だけど、そこでやけを起こしちゃうと、仕事は続かないわけです。

われわれにできるのは材料を並べることまで

今の支援級っていう話を、共同作業のイメージで考えるとこうです。ここに、テーブルがあったとします。親と話をするのに、子どもの知能指数と特性と今の状態像をテーブルに並べる。支援級に行ったらこんなことして、こんな良いことがあるかも、あるいは、こんな悪いことがあるかも、という見通しを並べる。支援級に行かなかったらどうなるか、勉強がついていけなくなるかもしれない、友達関係もこじれるかもしれない、もしかしたら二年くらいたつと、勉強はちんぷんかんぷんで不登校になるかもしれない。そんな予測を並べる。

つまり、考えられる材料をテーブルの上に全部並べるようなイメージです。並べた材料に関して、われわれ専門家、支援者と親と、できれば子どもも入って、一緒に眺めて、こういう状態だよね、さてどうしようかって考えていく。そこまでは、やっぱわれわれやんなきゃいけないと思うんです。

でもわれわれのできるのは、ある意味、材料を並べるまでです。最終的に親がうんと言わなかったら仕方ありません。最終決定権はクライアントにありますからね。どうしても通常級じゃなきゃ嫌だって言われたら、子どもが苦労するのは目に見えていても、もうそれは知ったこっちゃない、っていうぐらい開き直んないと、やっていくのは難しい。

そうではなくて、支援者の万能感を無理やり満たそうとすると、えらいことになる。支援者ファーストになって、ケースの利益が吹っ飛んでしまうことにもなりかねない。そうすると、誰のために仕事しているんだ、自分の万能感を満たすために仕事してんじゃないでしょ、っていうことになります。

折り合いをつけるのは、現実にはなかなか難しいんですけどね。ともかくも、うまくいかないということに耐える能力が必要です。

2　自分を支えるもの

では、どうしたらいいでしょうか。

たとえば、ものは考えようで、悩めているのが健康の証、葛藤していることが健康の証、なんていう考えがあります。確かに、元気じゃないと悩めませんけど、ものには限度があって、悩みすぎていると、そのうち心身が消耗してきます。

なので、自分を支える何か、あるいは、明日への活力となるようなエネルギー源があるとよいと思います。それは仕事以外の普段の生活でも、あるいは、仕事の中で自分を支えるものでもよいわけです。愚痴を言う相手だったり、今日も昼休みに車座になっておしゃべりしながら食べていた人たちがいましたけど、仕事の中での支え合えるような仲間関係があるといいわけです。

あと、自分はどんな時に達成感を感じられて、エネルギーがチャージされるのかっていうことも意識しておくとよいですね。自分の傾向ってことです。

あるいは、モットーのようなものでもいいですね。苦あれば楽ありとか、七転び八起きとか、七転八倒っていうと、また別の意味になりますけど。

うまくいかないだろうという前提

僕のモットーは「そのうち何とかなるだろう」です。何とかなるだろうって、別にほっとくわけじゃなくて、やることはやって、あとはなるようになるってことです。期待しないっていうと言い過ぎですけど、やることやったんだから、結果は自ずとついてくるだろうって。そもそも、くよくようじうじ考えるのが苦手なんです。

聖書の伝道者の書に「神のなさることは、すべて時にかなって美しい」っていうのがあります。僕は別にクリスチャンでも何でもないんですが、好きな聖句です。人任せ、神任せ、そのうち何とかなるさ、っていうのと似たような、でも一種のセルフ・サポートです。

それぞれ皆さんが、何かうまくいかないときに、自分を支えるモットーでも、逃げ道でも、買い物でもお酒でも、なにか趣味でも、もちろん宗教でも、何かそういうのがないと、なかなか不確実性に耐えることができないし、ひいてはケースのがっかりを支えることは決してできないだろうと思います。

僕なんか、この業界の仕事は、うまくいかないだろうという前提が良いと思っています。うまくいかないからこそ、どうやったらうまくいくことが少しでも増えるかなって、悪戦苦闘しているし、少しでもうまくいけばそれが支えになるんです。

3　理論や技法について

　そこで、うまくいくことが少しでも増えるように勉強していきます。勉強にあたって気をつけていきたいことをお話しします。

理論には一理あるが一理しかない

　まず、いろんな発達支援の理論がありますね。発達支援の理論っていうのは、唯一の正解っていうのがないわけです。これをやれば発達障害はＯＫみたいなのはないわけです。

　療育の技法っていくつあったかな、何百とか何千とかあるんじゃないかな、世界中からかき集めたら。要するに、どれも一理あるわけです。でも、一理しかないわけです。

　理論は、一つの歪みです。歪みなんていうと、ちょっと怒られちゃいますけども、一つの考え方だということです。今日の僕の話だって、一つの歪みであり、一理しかない考え方です。

　一つのやり方を学ぶということは、数多くある技法から一つのやり方を選んで身につけることです。そうして、そのやり方が自分に合ってそうだって思ったら、最初はそれに染まることが大事です。でも、一つの方法で全部を解決できるわけではないという認識も、頭の片隅にはあったほうがいいと思います。

自分に合った師匠や技法を見つける

初心者が勉強するときは一通りいろんな技法をざっと見渡して、それぞれのエッセンスを身につけた方がいいと思います。広く浅く勉強して、そのあと、その中で自分のキャラクター、資質、特性に合った技法とか師匠を見つけるのです。

僕は成育医療センターに行って、摂食障害を何人か受け持って、全く歯が立たなくて、いろんな本を読んで勉強しましたけど、何かどれもピンとこないんです。言っていることは分かるんだけど、自分が使えるようにしっくりとは身につかないんです。

つけ焼き刃の理論だと、外来で面接をしていても、あの先生こんなこと言ってたかなあとか、本になんて書いてあったかなあ、なんて思っちゃって、ふっと間があいたりして、もう治療にならないんです。その場の適切なタイミングで言葉や技法がぱっと出てこないんです。下手な自動車運転のようなもんです。

いまだに僕は行動療法とか、それから応用行動分析のABCなんていうのは、ピンとこないんです。でも、陪席に来てる先生に言わせれば、ちゃんと使いこなしてますよって言うんで、身にはついてるんでしょうけど、何となくしっくりこないんです。やっぱり、自分にしっくりくる師匠とか技法を見つけてください。

行動系でも分析系でも遊戯療法でも何でも、オープンダイアローグでもマインドフルネスでも、今、瞑想系が流行りですけれども、とにかく自分にしっくりきて、比較的すっと身について、そうして、ケースの役に立つような技法を見つけてほしいと思います。

理論を現場に当てはめてはいけない

それから、柔軟性も大事です。これで決まりっていう技法があれば、もちろんそれに奉仕するんでもいいんですが、残念ながら支援の現状というのは、いろんな多種多様な技法からの「いいとこ取り」なわけです。

構造化なんていうのは非常に役に立つ考え方です。応用行動分析なんていうのも、すごく役に立つ考え方です。親子で無意識の葛藤があったりすれば、精神分析を勉強しておくと役に立つかもしれないし、分析系が苦手な人は行動療法の勉強でもいいかもしれない。いろんな技法からのいいとこ取りでいいわけです。

大事なことは、これが逆になってはいけない、ということです。つまり、ＴＥＡＣＣＨでも応用行動分析でも、理論や技法ではこう言っているからといって、その理論を現場に当てはめちゃうと、ろくなことにならないわけです。現場が最初で、その現場の中で役に立つように、技法からいいとこ取りをしてくるわけです。

診断基準を子どもに当てはめてはいけない

理論を現場に当てはめてはいけないということは、診断についても当てはまります。さっき診断のところで話しそびれたんで、ここで話しますけど、ＤＳＭの最大の危険なところは、診断基準の使い方なんです。

正しい使い方は、子どもの様子を見て、この子はおおよそ自閉っぽいなと当たりをつけて、その後に診断基準を見ていくと、やっぱそうだよねって、そういう順番なわけです。

そうじゃなくて、診断基準が目の前にあってそれが起点になって、次にこの子を見て、照らし合わせていくのは駄目なんです。診断基準に子どもを当て込んじゃうと、もう最悪なわけです。

あくまでも、こういう技法とか診断基準っていうのは、レファランス、参考文献なわけです。子どもの状態をより的確に把握するための参考資料なので、技法とか診断基準が初めに出てきちゃうと、もうろくなことにはならない。

理論とか技法とか、あと診断基準もそうですけども、あくまでも有効な支援のために存在するんです。有効な支援につながらない理論は、机上の空論でしかないわけです。

その技法や指導が何を目指しているのかを考える

それから、同じ行動を目の前にしても、あべこべの指示が出ることがあるんです。

分かりやすい例でいえば、指しゃぶりです。指しゃぶりって歯医者さんに言わせれば、できるだけないほうがいいわけです。歯並びが悪くなるし、あごの発達も悪くなるし、指しゃぶりなんて、できるだけしないほうがいい。

だけど、僕なんかみたいに発達を見ている人間からすれば、歯並びとかも大事だけれども、指しゃぶりって何のための対処行動かって、そこも考えてほしいんです。指しゃぶりって、安心するんだと思うんです。赤ちゃんとか子どもの癒し手段なんです。それがなかなかわかってもらえない。

指しゃぶりをしなくてもすむような、つまり気持ちが落ち着くようなほかの手段が身についてくれば、もちろん指しゃぶりはなくなりますけど、他の手段で気持ちを落ち着けることが難しいから、手っ取り早い指しゃぶりという行動で気持ちを落ち着かせている、そんな理解も一理あるわけです。だから僕なんかの立場、そういう立場からいうと、あごの形なんて二の次なんです。その人にとって、どっちが大事かっていうことです。どっちが大事かって、もちろん、そのケースにもよります。歯並び最優先って親も、もちろんいるかもしれないから、それに関してはとやかくは言いませんが、指しゃぶりはとにかく早くやめろという指導は、バランスを欠いていると思います。

さっき言った耳ふさぎも同じです。耳ふさぎは問題行動だから消去せよ、ではなく、その子なりの防衛行動・対処行動だからいいじゃないかって見方も、一理あると思うのです。

問題行動を消去することに関して、行動療法系は得意です。だから、その意味では勉強する必要はあるんです。でも、問題行動っていっても、その問題行動が、実は下手っぴだけど、親とのコミュニケーションの方法になっている、たとえば、泣き叫ぶとか、爪をかむとか、それから蹴っ飛ばすとか、リストカットもそうかもしれないですけど、何でもいいんですが、もしかしたらその子なりに何とかコミュニケーション取りたいと思ってやっているのかもしれない。そういう下手っぴな対処行動を、その行動の意味も忖度せずに、ただ消せばいいのかっていうと、僕は賛成できない。

だから要するに、その発達支援技法とその技法にのっとった指導は、何を目指しているのかってことを考えてくださいってことです。コミュニケーションを伸ばすのか、行動を消去するのか、何を意図した指導なのかってことです。

ちなみに、コミュニケーションを伸ばす技法って大抵は甘いんです、子どもの気持ちや行動を一旦は受け止めなければいけませんからね。でも、いいんです、それはそういう意図なので。だけど、そうじゃなくて問題行動を消去するっていう技法は少し厳し目ですね。

お母さんたちと話していると、いろんなこと言われてごっちゃになっちゃうんです、っておっしゃる。それはつまり、その指導者の意図、どういう意味でお母さんにそういう指導をしているのかっていうことまでさかのぼって伝えないと、頭が混乱しちゃうということがあるんです。

勉強するといったんは下手になる

それから、勉強すると、支援とか治療がいったん下手になります。それは最初お話ししたように、素人として生身の人間として、熱意と情熱だけでやっているときよりも、中途半端に理論が身につくからなんです。

理論は現場から抽出した抽象概念ですから、何か分かったような、分かんないようなことを支援者が言いだすんです。いきなり難しいこと言いだしたけど、何じゃそれ、みたいな。

すると、治療は進まなくなります。面接のなかでいきなり難しい用語が出てきたら、共同作業にならなくなってしまいます。

なので、相手に「あれ？」って思わせないことが大事です。その対策としては「勉強したことの引用」が有効です。つまり、「このあいだ広瀬先生の講演に行ったらこんなことを聞いたんだけど、あなたにも当てはまるかな」という感じです。

いろいろなバリエーションがありますね。「そういえば、昨日読んだ本にこんなこと書いてあって」とか「こないだの研修会で聴いたんだけど」とか「今、あなたの話を聞いていてふっと思いついたんだけど」とか。いきなり話が難しくなったり、変わったりしたと相手が思いそうなときは、正直に引用元を開示する。これは、すごく大事です。

支援の役に立つ限り正直に

ただ、これも、何でもかんでも言えばいいかっていうと、それは違うわけです。相手にとって、やっぱりこれを伝えたほうがいい、これを開示したほうが、よりスムーズな共同作業になるだろうというときに限って言えばいいわけで、言わんでもいいことまで全部ぺらぺらとしゃべったら、ただの自己満足みたいになるわけです。

「行動療法って私はたくさん勉強していて結構詳しいんだけど」みたいな自己開示は何の役にも立たないわけです。正直ってのは大事だけど、言っていいことと悪いことの線引き、これが支援の役に立つ正直さかどうかの区別は、専門家としてしっかりしておいたほうがいいですね。

4 修行の場──現場が一番

支援者の成長とクライアントの発達が同時並行で進むといい

次は修行の場についてです。

僕は、支援者や専門家としての成長・発達が、クライアントの成長・発達と並行して進んでいくといいな、という思いで修行しています。

ケースからの学びや気づきで支援者も成長する。そして、それをそのケースにも、また他のケースにも還元していけるとよい。クライアントにセルフサポートシステムができるとよいし、支援者にもセルフサポートシステムができるとよいのです。そういう、お互いが発達していくような修行がよいと思っています。

ただ、その目的は何度も言いましたが、支援者が自分のためだけに発達するんじゃなくて、自分が発達・成長・スキルアップすることによって、クライアントにどれだけ有効な支援を提供できるかって、その目標を忘れちゃいけないんです。その意味でも、クライアントの発達と、われわれのスキルアップが、同時並行で進むといいなと思います。

ケースから学ぶ

という前提で、修行の場は、やっぱり現場です。もう目の前の患者さんとのやりとりが自分を一番鍛えてくれます。その次は仲間のスタッフです。これもかなり鍛えられます。

僕も数え切れないくらい、いろんな人に鍛えて教えてもらいました。たとえば、成育医療センターで関わった患者さんはみんな僕を発達・成長させてくれたと思います。当時は駆け出しのひよっこだったので、余計そう思うんですね。

どのケースも本当にありありと思い出せるんですが、一例お話ししたいと思います。

小四だったと思いますが、どう見てもボーダーラインとしか思えない男の子の入院を受け持ったんです。はじめは過敏性腸症候群の診断で心身症だったのが、だんだんメンタルになってきて、途中から僕が主治医で診たんですけど、最後は死ぬだの、飛び降りるだの、病院内で行方不明になるだの、かなりやらかしてくれました。

その頃は僕も中途半端に勉強していたんで、どう見ても境界性人格障害だろうと思って、上司に言ったら「広瀬君、子どもは人格が発展途中だから、境界性人格障害って診断名はないのよ」って言われて、だったら何なのよ、どうしたらよくなるのよって思ったんです。

結局、愛着障害なんです。それはもう今から思うとよく分かるんです。ひどい愛着障害で、さらに家庭でも学校でもトラウマを負っていて、大変だったんです。

その子が自殺企図をやらかして、夜中に呼ばれて病院に行ったら「広瀬先生、僕が死んだって、別に仕事だから慣れてるんでしょ」って言われて、もう頭にきて散々お説教したんです。専門家というよりも素の人間としてお説教したんです「冗談じゃない！」って。あの夜のことは忘れません。

そのあと、まあなんとか退院して、どうなったのかなって思っていたんですけど、数年前に横須賀に電話がかかってきて、パイロット学校に受かったって報告してくれました。パイロットになりたいのは知っていたので、もう涙出そうになりましたね。この子にも育ててもらったなって。いつか飛行機の中で出会ったらドラマみたいですね。

ともあれ、いろいろなケースから学んできたんです。

予測する癖をつける

ただ、ケースから学ぶっていっても、どうしていったらいいかよくわからない。このケースのように試行錯誤・悪戦苦闘で学んでいくのも悪くはないけど、とにかく時間と気力が必要なんです。よい意味で、効率よく学ぶにはどうしたらよいか？

そんな時役立つのは、予測をする癖をつけることです。さっきから話しているように、最初に来たときにちょっと見て、ぱっと見て、この子はどんな子かなって、自閉症かなとか、知能指数はいくつかなとか、親はどんな人かなって、限られた情報から、フラクタルで広げるようにして、できるだけ全体像を見るような癖をつけるのがいいんです。

それと一緒で、たとえば、今日初めて会った子が、次回来たときどうなっているかなとか、一年後にどうなっているのかなとか、あるいは、お父さんがまだ来てないけど、こういう子のお父さんだったらどういう人なのかなとか、必ず予測をする癖をつけてください。

なぜかっていうと、だって、この子、次に来たときどうなっているか、答えはあるわけです。次に来たときに、当たったか外れたか、自分で答え合わせができます。それから、お父さんがもしかしてそのうち来るなら、お父さんこんな人かなって自分で想像して、ちょっと書いておくわけです。「きっとアスペの父親だろう」とか書いておくわけです。

答えはそのうちわかるんです。当たったらいいし、外れたらどこで間違えたのかなって振り返る。見立てが違っていたわけですから。そうすると誰にも助けてもらわないで、自分で予測して、答え合わせをして、セルフ・フィードバックができるわけです。

この、限られた情報から全体像を予測する訓練っていうのは、すぐに、しかも一人でできます。答えもちゃんと出ます。仮説を作って、答えが出て、当たったか外れたかがわかります。仮説を自分で壊すイメージです。人から壊されるよりは揺さぶられは少ないんでいいんです。当たるようになるまでは大変ですけど、ともあれ、これでかなり力がつきます。

仲間から学ぶ

もう一つは、やっぱりチームですから、チームの仲間からいろいろ教えてもらうことです。いろんな雑談をしていく中で、「そっか、そういうやり方もあるなあ」って。自分一人で思いつくことって限られていますので、雑談したりおしゃべりしたりしている中で、「俺だったらこう考えるけどなあ」とか「そっか、それは見逃してたなあ」みたいな。やっぱりケースとか仲間から教えてもらうっていうのは、支援者の抱えられでもあって、大事です。

教えてもらうためには、開かれた態度でいることが大切です。間違いを指摘された時に、すぐに腹を立ててしまうようでは、誰も教えてくれなくなります。せめて、腹は立ったとしても、自分の腹立ちを相手にぶつけてはいけないのです。

まあ、自分の間違いを言われて、悔しい思いをしない人は少ないです。なので、自分が悔しい思いをしていることに対しても、開かれていることが大事です。「いやあ、そんなことにも気がつかなかったんだなあ。なんだか、自分が嫌になるなあ。でも、言ってくれて助かったわ」というようなイメージです。知らぬは一時の恥、知らないままは一生の恥、というわけです。

なので、やっぱり現場が一番ですし、陪席とかクローズドの事例検討会なんていうのも、それに近い修行の場です。講習会とか学会っていうのは知識の伝達ですので、もちろん必要ですけれども、修行の場としての優先順位は低いんです。

5　五感トレーニング

五感を意識しながら味わう

さて、実際のトレーニングのお話をいくつかしていきます。

われわれは支援に当たって、ケースの全体像を俯瞰的に眺める必要があります。さっきテーブルの話をしましたけれども、テーブルの上にケースにまつわる材料を並べ、とりあえずの全体像をみんなで眺めるイメージですね。そこでは、少し遠くから眺めるような、そういう距離感が必要なわけです。全体像を見るには、ほどよい距離を取って、バランスよく見ることが大事です。

それとつながるのが、この五感トレーニングです。オリジナルの五感トレーニングに僕の解釈が入ってますが、僕がいつも心掛けているのはこんな感じです。

自分の好きなこと、僕の好きなラーメンを例に取ります。ラーメンは味、におい、食感、色、形、あと音ですよね。一杯のラーメンを食べるっていう行為の中に、五感が全部入ってくるわけです。ただ食べるだけでなく、五感を意識しながら味わう癖をつけるのです。

慣れないうちは、味がしないような気にもなりますが、慣れてくると五感すべてが総動員されて、より美味しく味わうことができるようになります。たかが一杯のラーメンですが、五感を総動員して俯瞰的に楽しめるようになる、かもしれない。

音楽でもいいんです。ラーメンと違って、音楽は音だけでできていますが、音にも明るい色とか、暗い色とか、ごつごつした音とか、滑らかな音とか、臭い音とか、かぐわしい音とかあります。五感の中の一つではなくて、五感全部が自分の中で活性化されているというようなイメージで音楽を聴いていきます。

僕は自分の好きなラーメンや音楽で説明しましたけれども、何を使ってもいいんです。もちろん、日常生活の中でいつも支援のこと考えている必要もないんですが、何か五感を総動員するような活動があると、多分それが、どこかで支援につながっていきます。

五感トレーニング、五感の総動員の練習っていうのは、ぜひやってみるといいと思います。五感が活性化されていると、より俯瞰的に事態が見れるようになっていくんです。

6　ボーカル・トレーニング

音楽でも支援でも音色が大事

今日は言葉でやりとりをしていますが、言葉でコミュニケーションをしていて、何が伝わるかっていうと、まずは意味とか内容ですね。だけど、それは伝わっていることのうち三十％でしかないんだそうです。誰がどうやって測ったのかよく分かんないんですが、三十％は意味とか内容で、残りの七十％はそれ以外の、まあ、雰囲気とでも言うべきものなんだそうです。

確かにそうかなあと思うのは、今日の話を録音して、家に帰って聞いてみても、全然違うんです。内容は同じでも、まず眠くなってしまうでしょう。雰囲気とかライブ感は録音には入らないですからね。同じ内容をコンピューターが喋っても同じでしょう。

やっぱり、そういう、意味じゃなくて雰囲気の部分ってすごく大事です。またまた音楽でたとえますが、音色っていうのはすごく大事なわけです。聞きほれる声ってありますよね、歌手の人でも。何か包まれるような、歌は下手なんだけど声はいいよね、なんて。歌も上手だったらもっといいんですけども。やっぱり音色って大事です。

支援でも音色、つまり声色が大事です。特に、感覚過敏のある子どもにはとても重要なファクターです。一般的に、甲高いような、突き刺さるような声っていうのは、支援には向きません。むやみに大きな声もいけません。やっぱり、柔らかい、包み込むような、そういう声がベストでしょう。どうやったらそんな声が出せるか。腹式呼吸をして、体全体を共鳴させて豊かに声を出す練習をしないといけないなあ、と思いますけれども、そういう音色や声色は、とても大事なんです。支援の質を上げるために、本当のボーカル・トレーニングを受けたっていいくらいです。

他にも、声の大きさ、音量、イントネーション、抑揚、それからスピードとか間合いとかリズムなど、いろいろな要素が絡んできます。もちろん、一定時間内にいっぱいしゃべんなきゃいけないっていう時はしょうがないんですけれども、相談とかカウンセリングっていう時は、共同作業の雰囲気を作るために、包み込むような声の出し方、イントネーション、スピード、間合いなんていうのを意識しておくことが大事です。

7　言葉のトレーニング

自分の言葉の伝わり方をモニターする

次は言葉のトレーニングです。ここが案外と難しいように思います。子ども相手とはいえ、言葉を使う場面も多いですからね。カナー型の自閉症の場合は、言葉のトレーニングなんか要らなくて、その子と遊んで、ノンバーバルなコミュニケーションから入って、育てていけばいいんですけど、それだけではすまなくて、親や同業者としゃべんなきゃいけない、幼稚園や保育園の先生、学校の先生としゃべんなきゃいけないんです。なので、どうしても、言葉でのコミュニケーションの質を上げていかなきゃいけないわけです。

どうしたらいいかなと思って、いつも考えているんですけれども、一つは相互関係に着目することだと思います。兎にも角にも、自分の言っていることが相手にどう伝わってるか、しっかりとモニターをすることが大切でしょう。

たとえば、今「兎にも角にも」って言いましたけど、さて、それはどう伝わったか。広げて言えば、僕が今日伝えてるつもりのことでも、皆さんがどう理解してくださっているのか。自分の言葉がどう伝わったのかモニターする癖をつけることが、一方通行にならないためには不可欠でしょう。

実は、今日はあんまり余裕がないので、話をしながらの皆さんの反応って、あんまりモニターできてないんです。だけど、普段もうちょっとざっくりとした話のときは、皆さんの反応見ながら話を変えたりしてますね。

まあ、今日余裕がないのは、話すことが全部決まっていて、時間内にしゃべんなきゃいけないというプレッシャーがあって、あんまり脱線もできないからなんですが、だけど、やっぱりどれぐらい伝わっているのかなって、こちらがしゃべったことと、相手の理解をいつもモニターする習慣って必ずつけるようにしてください。これ実は難しいかもしれない、少なくとも僕には容易ではないんですが、でも、大事だろうと思います。

これは話し言葉だけではありません。たとえば、あんまり知らない人とメールしていると、「そうは書いてないけどな」みたいな、そういう食い違いが生じます。自分はこう思って書いているんですけど、それが相手にどう伝わっているかっていうのは、やっぱり常にモニターする習慣をつけるようにしてください。

言葉の選択を細やかにする

次に、正確に聞き取る力をつけるにはどうしたらよいか。

われわれケースの話を聞くわけです。上手に言葉で描写してくれる人だったらいいんですけど、必ずしもそうではないですね。こちらが相手の言いたいことをくみ取る、忖度する、斟酌する、そういう的確な聞き取り力を増やすことが必要です。じゃあ、どうするか？　もちろん、一生懸命、こうやって近づいて耳を傾けたって駄目なんです。

一つは、こちらが理解できるように、あるいは、聞き取った内容のイメージがリアルになるような、的確な質問をしていくことです。

もう一つは、細やかに聞き取れるようになるためには、こちらがしゃべるときの言葉の選択を細やかにすることなんです。これは違うようで違わないんです。

こちらが言葉の選択を細やかに考えていると、言葉に対するモニターが活性化されますので、そうすると聞き取りも良くなる。反対に、一生懸命聞き取って、相手の言っている言葉のいろんなニュアンスを丁寧に聞き取っていると、こちらのボキャブラリーも豊かになるんです。

修練の双方向性って、堅い言葉で言うとそうなります。こちらの言葉の選択の仕方を一生懸命修練すると聞き取りも上手になるし、聞き取りが上手になると、言葉の選択もアップする。一石二鳥ということになると思います。

専門用語は極力避ける

それから、難解な専門用語は、極力使わないようにします。これ、業界の中で使う分にはいいかもしれないんですけど、結局、業界の中で専門用語ばかりを使う癖をつけていると、普段の相談でもぽっと出ちゃうんです。

たとえば、「非現前事象」っていう言葉がありますが、「目に見えないこと」じゃ駄目なのかな、って思うわけです。皆さん、非現前事象ってさらっと耳だけで聞いて分かります？　知ってる人は分かると思うんですけどね。

なので、相談するときに、話をするときに、さらっと聞いて分かんないような言葉はできるだけ使わない。平易な日常用語を使うことです。

相手は専門家じゃないし、緊張していたり、あるいは、分かりたくないと思っていたり、言葉を理解する環境としては良くないわけです。そんな中でも、的確に伝えるには、やはり難しくない言葉を使うことです。

われわれに限りませんが、業界用語って、概念の圧縮なんですね。ＡＳＤなんて、アルファベット三文字の中に、どれだけの情報が詰まっていますか？　まあ、職場の会話とか、レポートとか、限られた字数でいっぱい内容を盛り込まなきゃいけないときはしょうがないんですけども、でも、できるだけ平易な言葉を使ったほうがいいと思います。

それから、四字熟語とか五字熟語とかも避けます。「非現前事象」なんていうのもそうです。漢字が連なっている言葉も情報の圧縮ですからね。やっぱり、パッと聞いてもよく分からない。なので、平仮名が多い言葉にしていくのが良いと思います。

連想を止める言葉と妄想を掻き立てる言葉を使い分ける

よく言われることですが、曖昧な言葉も避けるようにします。曖昧な言葉とは、具体に落としにくい言葉とか、聞き手によって解釈がいろいろに分かれる言葉です。「ちゃんと」とか「後で」とか「もっと」とか「そのうち」とか「多分」とか、こんな言葉は避けるほうが無難です。

とはいうものの、皮肉とか当てこすりとかの場合は言葉の選択が変わってきます。たとえば、さっきから言ってる「一理あるよね」っていうのは皮肉の意味も入っているんです。一理しかないってことですから。そういう揺さぶるためには、いろんな意味のありそうな、豊穣な言葉が有効です。よく考えると後からじわじわ効いてくるような、あれは皮肉だったのかって後からわかるような言葉が有効なこともあります。

そういえば、このあいだ久しぶりにあった後輩に「先生、貫禄つきましたね」って言われて、いろんな意味を考えちゃいました。確かにおなかは出たし、白髪も増えたし、態度はでかくなったし、あいつどういう意味で言ったんだろうって思って。貫禄つきましたねって言われて、彼はもともと皮肉屋さんだったので、余計いろいろ考えました。

言葉っていうのは、連想を止める作用と、反対に妄想を搔き立てる作用とがあって、それを使い分けられるようになると熟練者です。さっきの診断名なんかは、一つつけると安心しちゃって他がなくなっちゃうような、そういう連想を止める作用がありますね。貫禄なんかは、それ何？みたいな妄想をかき立てる作用があります。言葉って本当に面白いです。楽しみながら勉強していくと、臨床の力もアップすること間違いなしです。

ちなみに、師匠は類語辞典を使えっておっしゃいます。でも、僕はあまり使わないんです。なぜかというと、あんまり自分にフィットしないので。だけど、今日のキーワードで共同作業の共同って調べてみたら、共同・協同・協働っていろいろ出てきて、同じ「キョウドウ」でもニュアンスが違いますね。

そこで、どれがいいかなって考えて、この働くっちゅう言葉が、僕は嫌なんですよね。だから、協働じゃないなあと。まあ、どっちでもいいな、とも思うんですけど、そういうような言葉の感受性を増やす作業というのは大事です。

8 視点を広げるのも言葉の力

俯瞰した見方ができるように

固くなってる状態をほぐして、視点を広げるのも言葉の力です。

「もう、うちの子は絶対、通常級じゃないと駄目なんです、支援級なんか行きません、断固通常級です」って言っている親がいますね。それに対して「いやいや、それじゃあ駄目だよ」っていうんじゃあ、ガチンコになって上手くいかない。

やっぱりまずは「そうね、お母さんの言ってることも一理あるよね」みたいなほぐし方から入る。そうして、もう少し切り込んでいく「だけど、他の見方はできないかな」みたいなイメージです。共同作業の観点から言えば、メリットとデメリットをテーブルに並べて、全体像を俯瞰しながら一緒に考える作業をするんですが、それが、短い言葉をきっかけに、相手の中で自然と進んで行くようにできると、かなり手間が省ける。実際にはなかなか難しいんですが、それを目指して言葉の修練をしていくと良いのです。

ちょっと引いた俯瞰したような見方ができないか、あるいはリフレーミングですね、日本語で言うと他の見方はできないか、ものは考えようっていうか、一つのことを別な見方から考えられるようにならないか、なんていうのも、やっぱり言葉を上手に使って切り分けていけるといいかなと思います。

ユーモアの効果

それからユーモアとかおやじギャグ、駄洒落なんていうのは、上手に使えるようになると、雰囲気が良くなります。言葉を用いたプレイセラピーなんていう人もいます。

河合隼雄さんって、カウンセリングの中でも、駄洒落をいっぱい言うのでも有名だったらしいんですけど、それを村上春樹さんだったか「河合隼雄さんは本当に魂の深いところまで突っ込んだカウンセリングをするので、駄洒落でも言って和ませないと間が持たないんじゃないか」って。

そこまで深くなくても、やっぱりふとしたところで笑いを取ると、お互いに和みます。ただ、それも上手にやらないと「この先生何言ってんの⁉」っていう話になるわけです。でも、やっぱりこういうユーモアとか、僕ぐらいおやじになると、おやじギャグを言っても許してもらえるんですけど、やっぱりそういうのを上手に使えるようになると、カウンセリングの場が和む。和むとやっぱり視点が広がったり、固まったものが広がったり、ちょっと柔らかくなったりって、良い効果がたくさんあります。

話芸から学ぶ

そういうのは、やっぱり話芸、落語とか漫才とか、そういうしゃべってなんぼの世界の人たちから学ぶといいですね。話芸では雰囲気が内容を作るんです。内容がないって言ってるんじゃないんですが、やっぱり雰囲気とかタイミングとか突っ込みとかボケとか、そういうような。内容よりも雰囲気がその場を左右する、作用する。あ、左右と作用は一緒ですね。そういう話芸からの学びっていうのも大事です。

われわれの街の小泉さん、横須賀出身の衆議院議員の小泉進次郎さんって、演説がむちゃくちゃ上手なんです。本当にうまいんです。それこそ、もうその場にいる人たち全員を、共同作業みたいにして引きつけちゃうんです。

だから天性のものだろうと思っていたんですが、実は話芸が大好きなんだそうです。一日に何時間も、深夜に落語とか漫才を見て勉強して、もう大好きなんだって。やっぱりなって思います。うまいですよ、本当に。内容も悪くないですし。

だから、興味のある人は、そういう話芸とかをぜひ勉強してください。まあ、勉強というか楽しみながら遊び半分でいいんですが、見ていただけるといいと思います。

9　接続詞を意識する

言葉にまつわる細かい話を続けていきます。細かい話なんですが「神は細部に宿り給う」って言うように、本質につながる大切なポイントです。

言葉は内容と構造との二つに分かれるんです。正確に言うと、分かれるというよりも、便宜上二つに分けて考えてみるんです。ここでは、言葉の意味内容も大事だけれども、接続詞みたいな構造も大事だという話をします。

「実は」——内容より文脈が大事

たとえば、「実は」なんて言葉が出てきたときに、何が大事かって言うと、「実は」の後に出てくる内容ではなく、その前からの文脈なんです。「実は何とかなんです」って言う、たとえば、何がいいかな、「実は、私おかまなんです」って言われたときに、大事なのは、「おかまなんです」っていう内容じゃなくて、今までしゃべってなかったことを、「実は」って決心して告白したという文脈なんです。

それこそ面接の最後のところで、「実は、私おかまなんです」みたいな話が出てきたときに、「おかまなんですか」って言っちゃうといまひとつなんです。会話の流れが、ちょっとかみ合わなくなってしまう。

そうではなく「ああ、思い切って言ってくださったんですね」とか、「今までどうしようかなと思って、しゃべろうかしゃべらないか迷っていたんだろうな、って思いました。言うのに勇気が要ったでしょうね」とか伝えてみます。

大事なのは「実は」って告白する前の、ずっとためらっていた状態であって、そこに触れてあげることなんです。

「本当は」って言ってきた場合も同じです。「本当は普通級しか考えてないんです」「えー？」みたいな。「早く言ってよ、それを」って言いたくもなるわけですけど、そうではなく、「そっか、やっぱりずっとそう思ってたのね」って言えると、それは共感ということにより近づくのです。普通級については賛成できないけども、それはあとでの話。

「本当は」って言ったら、「ずっとそう思ってたのか、なあんだ」みたいな。それをどういう言葉で返すかはその時次第ですけど、とにかくそういう「前」が大事です。

「つまり」——話をまとめてあげる

それから、「つまり」とか「要するに」って連発する人がいますね。だいたいは話のまとまらない人です。「つまりね」とか「だからつまりね」とか「要するに」とかって言って、自分でも何となくまとまんないなと思っているから、「つまり」とか「要するに」って多発するんですよね、多分。

なので、「つまり」とか「要するに」って言っているのは、何となく自分でも話がばらばらってしてるから、それを意識しているのかなって思ってあげることです。こちら支援者としては、ばらばらしたエピソードを聞いてあげて、「こういうことですか」って言って、ちゃんとまとめてあげると、それが正しいまとめ方であれば共感にもなりますし、感謝されます。要は、こちらがまとめなきゃいけないっていうことです。

「ところで」――つながりを探す

「ところで」って、これも大事な接続詞で、話がいきなり変わるわけです。クライアントが変える場合もあるし、われわれが「ところで」って変える場合もあります。

われわれが話を変えるときは便利なんです。雑談が続いていて、そろそろ時間なんだけどな、って思っていて、「お母さん、ところで」って言うのはいいんですけど、逆に相手の人が「ところで」って言って、いきなり何の話になったの？ってなる時があるんです。

こちらからすると、話が全然違ってきてる。だけど、相手の中ではつながっている話なんです。子どもの言葉の話をしていて、「ところで、うちの旦那の仕事なんですけど」って言って、「何、いきなり旦那の話が出てくんの？」って思いますね、聞いている方は。子どもの言葉の話と旦那の仕事の話と、「ところで」って言って、がらっと場面転換しちゃうわけ。でも、相手の頭の中では話はつながっているんです。そのつながりを探していく。

続きをよくよく聞いてみると、「旦那も学校の先生で、国語の教師で、言葉の専門家なのに、うちの子どもは何で言葉がこんな遅いんだろうか」って続いて、そこでつながるのねって分かるときはいいんですけども、全然つながりが分かんないときがあるわけです。

それはもう素直に聞けばいいんです。「ごめんね、お母さん。話がいきなり変わっちゃって、つながりがよく見えないんだけど、そこ教えてもらえると支援に役に立つかもしれないんで助かるな」って言うと、何かつないでくれることもありますし、「いや、全然関係ないんです。ごめんなさい」って終わっちゃうこともあります。話が飛んだときは、どっかでつながっているんだろうなと思って、分かんなかったら聞くということです。

「も」「は」「が」の区別

それから「も」「は」「が」などの区別も大事です。「広瀬も」って言ったら、他にもいるってことですし、「広瀬は」って言ったら、広瀬だけで他にはいないというニュアンスですし、「広瀬が」って言ったらあんまり深い意味はないのかな。

さらに、「も」「は」「が」に微妙なアクセントがついて語られることもあります。そこまで聞き取れるようになったら、かなりの熟練者になります。

ともあれ、「も」とか「は」とか「が」などの助詞を使い分けられると良いですし、そこを聞き取れることが大事です、いや聞き取れることも大事です、かな。そういう枝葉末節に敏感になってください。

10　「何で」「どうして」は使わないように

問い詰められているような雰囲気

これ、「問い詰め注意」ということでもあります。「何で」「どうして」「どうするつもり」とかは、こちらは理由を聞いているつもりでも、聞かれている方は問い詰められているニュアンスを感じてしまうんです。こういう言葉には、もともと問い詰めるニュアンスが少なからず入っているからですよね。

まあ、アスペの子なんかだと字義通りに受け取ります。「どうしてお金とったの？」って言って、こちらは問い詰めているつもりでも、「どうしても欲しいものがあって」って理由を答えたりします。お母さんは「いや、理由を聞いてるんじゃないんだよ」みたいな返し方をしますが、アスペの子にしてみれば「いやいや、理由聞いてるんじゃん！」みたいな、何とも噛み合わない会話になります。

そこに気がつかないで、「取ったお金どうするつもりなの？」って言っても、「いや、お小遣いためてゲーム機を買って……」「いや、そういうこと聞いてるんじゃないでしょ‼」みたいに、ますますちぐはぐな会話になります。

脱線ですが、お母さんが「何遍言ったら分かるの？」って言ったら「百回」って言ったアスペの子がいて、「いや、そういうこと言ってんじゃないでしょ」「いや、お母さん、そういうこと聞いてんでしょ」みたいな……

戻りますが、親と話をしていて、たとえば不登校になっちゃって、こっちは「何でそうなっちゃったの？」って理由や経緯を聞きたいわけです。だけど、聞かれている親のほうは、私のせいで不登校になったのかなって自責もありますから、「なんで」って言われると責められているって思うわけです。そのつもりは全然なくても、問い詰められてるような感じに聞こえる危険性があるんですね。

「何か心当たりはあるの？」

なので、僕は「何で」や「どうして」をできるだけ使わないようにしています。

代わりに「何かお母さんに心当たりはあるの？」って聞きます。そうすると対処行動を聞いているのにも近くなります。

たとえば、「一月になってから不登校になりました」って場合に、「何で」とか「どうして」って聞いちゃうと駄目なんです。共同作業の雰囲気にもならない。「お母さん心当たりあるの」とか、頭固い人だったら「一月から行かなくなっちゃったのは、お母さん的に理由は何か分析してみた?」って聞いてみるんです。

そこでいろんな分析が出てきて、どうもいじめとか学校の対応のまずさが原因のようで、大体それであっているなあと思ったなら、「だったら、しばらくお休みするかなあ」みたいな話をすれば良いんです。

そもそも、理由を一緒に考えるのが共同作業ですからね。「何でそうなったの!?」って言うと、「あなた自分で考えなさい。あなたが悪いんでしょ」みたいな、そういうニュアンスがどうしても入っちゃう。「何で」とか「どうして」っていうのも、できるだけ使わないようにすると腕が上がります。

11　言葉の内容と構造——構造が真実を伝える

構造こそが真実を伝える。これが言葉の面白いところなんです。

「死ぬ」→「死にたくない」と翻訳する

「死にたいんです」というセリフを例に考えてみます。本当に死にたい人は、こんなことは言いません。自分で自宅なりどっかで黙って死んじゃいます。だから、死にたいっていう意思表示をした時点で、やっぱりそれはSOSだという理解をしてあげないといけない。

成育医療センターの話がいっぱい出てきますけど、僕は小児科を何年かやってから、成育医療センターに行って、こころの診療部っていう、子どもの精神科ですけど、そこに行きました。最初に不思議だったのは、死にたいって言って病院に来るんです、子どもたちが。その頃は、まだかなり空気が読めなかったので、僕は字義どおり受け止めました。死にたいって何で病院に来るんだろうって思ったんです。

それはそうじゃなくて、死にたいぐらいにつらいから何とかしてくれっていうSOSなんだって途中で気がついた。今から思うとばかみたいな話なんですけど、途中で、死にたいんじゃないんだ、死にたくないんだってわかったんです。

だけど最初は知らないから、死にたいって言って病院に来るもんだから、行く場所違うんじゃないかって思ってたんです。そういう人は結構います。

表7

「死ぬ」
「死にたい」
「死にたいかも」
「死にたいんです」
「死にたい気がするんです」
「死にたい気もするんです」

だから、死にたいっていう意思表示をした時点で、われわれは頭の中で、死にたくないんだな、助けてほしいんだなって、翻訳しないといけない。

けれども、死ぬと言っても、いろいろなバリエーションがあります（表7）。

語尾に着目して聞き取る

「死ぬ」だと、これは強いわけです。「死にたい」、これは「たい」ですから、意志も入っていますし、未来形ですね。「死ぬ」より「死にたい」のほうが少しだけ余裕が感じられませんか？ I will die. ですから、I die. じゃなくて、willには少し希望が感じられる。

「死にたいかも」ってなると、もっといいですよね。「かも」ですから。だから、いきなりこういう生々しい言葉を投げつけられて、死んじゃう、ってこちらが動揺するんじゃなくて、ちゃんと語尾を聞いて、「死にたいかも」って言ったら、「かもって、死にたくないかもってこともあるの？」みたいに、そうやって返すと。「うん、そうね。死にたくないかも。でも、死にたいかも」みたいな。固まっているように見える気持ちをほぐしていけます。

「死にたいんです」って言ったら、死にたい気持ちを何となく自分で外から観察している感じがある。「死にたい気もするんです」だったら、もっといいですよね。死にたい気もするし、生きていたい気もするし、「死にたい気がするんです」には「死にたい気がしないときもあるの？」みたいな返しが良いかもしれません。

死ぬっていう生々しい現実に影響されちゃいけない。もちろん死なれたら終わりですから、そこはちゃんとセーフティーネットを張っていなければなりませんが、なまじ動揺しなくていいということです。

こんな感じで、語尾に着目して聞き取ることは大切です。同じように、こちらが伝えるときでも語尾で勝負をすると、細やかな会話になります。

たとえば、「死んじゃいけない」まで言って、そこで相手が「何を言っているんだ」みたいな雰囲気を出したら、「って言うのはサポートにはならないよね」って語尾を替えるんです。相手が肯定するような雰囲気だったら「よね」って予定通り続けるわけです。

「思い切って」という言葉

それから「死ぬ」って言うときに、「思い切って」なんていう言葉がよくついてきます。「思い切って死んじゃう」みたいな。こんな時は、師匠がよく言うんですけど、「思いを切られた、そちらの思いはどうなるの?」って返すわけです。何かを振り切って、もう現世の未練はすべて振り切って死ぬわけですよ、思い切って死ぬっていうときは。だけど、残された現世の未練はどうなるの、っていうわけです。

たとえば、「切られた思いについて、少し話し合いましょう」と言うこともできるわけです。そんな堅いこと言わないで、たとえば、「思い切って支援級に行くことにしました」って言われたら、

「頑張ったのね」ってねぎらってあげます。つまり、思い切っての後に来る、支援級に行くってという内容ではなくて、頑張って思いを切ったっていうところを褒めてあげること、そして、まだ通常級には未練があるんだなって思うことが大事です。

もう一つ、「思い切って今の旦那と結婚したんです」って言って。「あー」みたいな。分かりやすいですよね。いろいろ切って切って、今の旦那と結婚したんだな、みたいな。このたとえが一番分かりやすいですね。「思い切って」って言われたら、後の行動ではなくてその前の切られた思い、その前の段階に思いを馳せてくださいということです。

12　二者関係から三項関係へ――共同作業のための言葉遣い

相談する人、相談される人、相談される内容

引き続き、共同作業をするための言葉遣いです。さっきも三項関係っていう話をしました（130頁図1）。具体的には、相談する人、相談される人、相談される内容の三つに分けることが大切です。

たとえば、学校がいまいちとか、旦那が無関心とか、自分のことを責めちゃうとか、空気読めないとか、何でもいいんですが、大事なことはさっきから言ってるように「問題を持ってる人」「問題を解決する人」っていう二者関係にはしちゃいけないってことです。

よくある話で、「育て方が悪かったんです」ってありますね。そんな時にどう応えるか？　返し方はいくつもあるんです（表8）。もちろん「そうね」って言っちゃったら話は進まないんです。「そんなことはないです」って言っても、押し問答です。悪くない、悪かった、悪くないって、二者関係になっちゃう。あるいは、押し問答にすらならずに、「この人、分かってくれない……」って終わってしまう可能性もある。

そうじゃなくて、できるだけ三項関係を作っていく。「そう思ってしまうんだ」とか「癖」を入れると、もっといいです。「そんなふうに思っちゃう癖があるね」でもいいし、「あるのね」でもいいし、「あるの？」でもいいし。

語尾で共感する

さっきも言いましたが、語尾にも気をつけます。「そんなふうに思っちゃう癖がある」って言って、お母さんが嫌な顔したら、「ある？」みたいな。「違う？」みたいな。「お母さんはそんなふうに思っちゃう癖がある」って言って、「うんうん」って顔したら、「ある

表8

「育て方が悪かったんです」
　→「そんなことはないです」
　　「そう思ってしまうのね」
　　「そんなふうに思ってしまう癖がある（の）ね」
　　「そんなふうに思ってしまう癖があるように思うけど、それであってますか？」（癖を外在化する）
　　「そう思うと自分が楽になるのかなと思うけど、それであってますか？」（対処行動（思考）を言語化する）

よね」って言って、一緒になって。だから、語尾で共感をするっていう技法なんですが、これは、語尾を言う前の一瞬で、相手の気配を観察しないと、それができないんです。

癖を外在化するやり方もあります。「それであってますか」って言い方です。これは師匠から教わったんですが、すごく便利です。「そんなふうに思ってしまう癖があるように思うけど、それであってますか？」って。

対処行動の視点を入れてもいいです。「そう思うと自分が楽になるのかなと思うけど、それであってますか？」って。育て方が悪いって思うと、何か自分が楽になるところもあるのかな、なんて。よく考えると矛盾してんですよ。矛盾してんですけど、「何となくそうやって一つ原因が見つかって、自分が楽になる部分もあるのかな、なんて思うけど、それであってますか」とか言ってみる。要するに仮説の提示です。

押し問答にならない言葉の使い方

共同作業に広げていくのならば、「どの辺がそう思うの？」って聞いてみます。「私のこんな育て方が悪かったんです」って言われたら「こんな育て方」について話をしていく。

あるいは、いつものワンパターンで対処行動を聞いてもいいんです。「お母さん、どうしてきたの？」って聞いてもよい。ごちゃごちゃ聞いているうちに「でも自分としては頑張ってやってきたんです」って出てきたら、「だよね」って言って、「そんなに悪くなかったんじゃない？」って、お母さんなり対処行動をサポートできれば万々歳です。

さっきの、テーブルの上にいろんな情報を並べて眺めるっていうイメージで、たとえば「毎年冬になると学校に行かなくなるような癖があるように思うけど、それであってますか」みたいなやり方です。「死にたいんです」ってきたら、「毎年この時期になると言ってるような気がするけど、違ったっけ」「毎年その時期になると死にたくなるような気がするけど、それであってる？」みたいな感じです。「そういえばそうだな」「春になると、また元気になって学校行ってたじゃん、違ってたっけ」「そういえばそうだな」みたいな。

そういうような、押し問答はしない言葉の使い方、僕も最近です、やっと使えるようになったのは。十年ぐらいかかりました。こつこつトレーニングしてください。

13　セルフ・フィードバックはとても大切

科学的とは常に検証すること

支援っていうのは、一人一人全部違うわけです。ケースバイケースで、オーダーメイドの支援をしなきゃいけないわけです。一つ一つ違った支援をしなきゃいけなくて、それがわれわれの支援の醍醐味でもあるんですけども、やっぱり一つ一つの自分の支援を検証しないでいるとワンパターンになりがちで、本当に役に立つ支援にはならない。

その検証をどうしたらいいか。やはり、自己検証がベストだと思いますね。だって、人から言われると、たいがいはいい加減な助言で的外れだったりしますし、もし当たっていたら図星で腹も立つというものです。

だから、セルフ・フィードバックのほうがいいと思います。自分はこれで良かったのだろうかって、常に検証していくのが、本当の意味での科学的っていうことです。

ちなみに、今の科学っていうと、多数決の論理になっていて、研究をやった方は分かると思いますけど、統計学的に意味があるっていうのは、要するに少数切り捨てっていうことですので、そういう科学的っていうことではなくて、本当の意味での検証ということです。自分のやっていることを、振り返って、もう一回検証して、軌道修正をして、また支援に生かしてくという、そういう意味での実践的な科学っていうことです。

図式でいうと、仮説→実行→結果→結果の検証→仮説2→実行2……って構図です。支援の方向性として、こういうプランでやってみて、やってみた結果をもう一回見直して、修正をして、また支援をして、と。そういうような自らの支援とか相談を、常にセルフ・フィードバックで検証して、有効な支援を目指していくということです。

その時に、決めつけてしまうとダメなんです。決めつけると、迷いもないのでスッキリして苦労はないんですが、もうそこから先は進歩しません。

ちょっと前に、僕の小児神経の師匠である久保田雅也先生に「自閉症の子って何で爪先立ちするの?」って聞かれて、何を今さらって思って、「感覚過敏とかじゃないんですか」って言ったら、「それって本当に正しいのかなあ?」って言われて、そうか、決めつけてたなって。

自分で考えなおしてみて、やっぱり自閉の子って、筋トーヌスの問題だったり、関節の問題だったり、中枢神経系の問題だったり、いろんな神経学的な異常もあるんです。爪先立ち歩きっていうのは、ある意味対処行動だと僕は思っていて、感覚過敏で対処行動だと思っていたんですけど、「それであってんのか」って言われて、そうかと思って、決めつけていたなと反省しました。

だから、自分で「それで正しいのか」とか「これで役に立っているのか」って自問自答を続けることが、害のない役に立つ支援者になる王道だと思います。

だけど、そのためには支援者のセルフエスティームがないと、つまり、ある程度は自己愛が満たされてないと、自分を見直すっていうのは、つらい作業でしかなくなります。さっきも話しましたが、支援者の自己愛、セルフエスティームを維持するにはどうしたらいいかってことも常に考えないといけない。

14　関係のない仲間や異分野の先達から学ぶ

これは一つの考え方ですけれども、大事なのはやっぱり業界にどっぷり漬からない、専門ばかにならないことだと思います。バランス感覚や日常感覚をキープするにも、業界とは関係のないつき合いはすごく大事です。

僕は学生時代にオーケストラで打楽器をやっていたんですけど、師匠の野口力先生って、おととし亡くなったティンパニストから、「お前何やってくんだ」って訊かれて、「医者になります」って言ったら、「そうか、医者か。じゃあ、いいこと教えてやる」って言って、「お前、医者と芸者と役者っていうのは同じなんだぞ」って言われて。「何だ、この人、いきなり」と思って「何ですか、それ」って言ったら、「お客からそっぽ向かれたらメシ食っていけねえんだぞ」って。

言われてみれば当たり前なんですが、すごいこと教わったなって思いますね。楽器をやってた人なんで、「俺も職人だし芸人だから、客からそっぽ向かれたらメシ食ってけないんだけど、医者と芸者と役者って〝者〟って字がつくのは特にそうだ」って言われて。

野口先生は芸術家なんてえらぶらないで、職人とか芸人だということを自負していましたが、面白いこと言うなと思ったんです。もう三〇年ぐらい前のことです。そういう業界外の人の発想とか感覚は、やっぱり大事だと思います。

熟練者の到達点は一緒

それから、何でもいいんですけど、たとえば、宮大工の西岡常一さん。これは奈良の薬師寺とか法隆寺とかを再建した人で、最後の宮大工とかって言われていた人です。この人の口伝なんか素晴らしいです。ネットでも読めますが、語り書きのような本が良いです。

西岡さんが言っているのは、木の持っている力を妨げない、引き出すと言うことです。できるだけ木の言うことを聞いて組み立てる。できるだけ釘とか使わないんですよね。だって昔はあんまりなかったからね。木材を組んでいくだけで、組み合わせだけで、あれだけのものを造るわけです。金属は先に錆びちゃいますからね。つけ加えるのは、できるだけ最後で、木の持っている木目を見て、流れを見て、妨げないで引き出すんだって。同じなんです。

僕は音楽が大好きなのですぐにその話になっちゃいますが、やっぱり楽譜の持っている力を妨げないで引き出すのが大事なんです。楽譜にはつけ加えちゃいけないので、それはもうご法度ですよね。できるだけ持っている素材を生かす。

料理もそうです。日本料理なんか特にそうですよね。日本料理は素材の味わいですよね。それをできるだけ引き出す。最近ではフランス料理もだんだんそうなってきていますね。ソースでつけ加えるではなく、素材の持ち味を料理に生かしていく。なんでも熟練者の到達点は一緒なんだなと、本当に思います。

ルチアーノ・パバロッティっていう一世を風靡した大歌手のドキュメンタリーを見ていて、同じだなと思ったのは、「目標を高く設定すると、自分に厳しくなる。でも、上達するにはそれをやるしかない」って。

確かにそうなんです。「目標を高く設定したら、自分の首を絞めるぞ。だけど、うまくなるためには、そうするしかないんだ」って。どの業界でも、やっぱり道を極めるのは一緒。なので、極端な話、何をやっていても勉強になるなということになります。

15　汝自らを知る――害のない役に立つ支援者になるには

素材はわれわれ自身

結局、われわれの仕事って、われわれ自身が素材なんです。われわれの人間が、相手と接して、人間や専門家として、いや一部の専門家としてのスキルや技術で、相手を支援していくわけです。なので、やっぱり自分自身のことについて、きちんと把握をして、理解をして、特性も含めて、凸凹も含めて、そういう自分、「汝自らを知る」ことが支援者としては大事なことだろうと思って、最後に少し話したいと思います。

努力とセンスの割合を自覚する

たとえば、自分のセンスと努力の割合を分析してみるのも良いと思います。生まれつき、センスのある人ってのはいるわけです。センスがなくても、努力だけで頑張れる人もいるわけです。努力ができるっていうのも生まれつきかもしれません。ともあれ、大抵の人はセンスと努力のミックスなわけです。「氏か育ちか」なんて言いますけれど、「氏も育ちも」なんです。

今この業界で二十年やってきた、自分の仕事は、努力とセンスとどれくらいで成り立っているんだろうか、そういうのを振り返るのは、もしかしたら役に立つかもしれない。

害のある支援者にならないためには、やっぱり自分のことをきちんと理解しておくことが大事。自分の凸凹だったり、自分の育ってきた環境だったり、自分の中にある偏見を自覚しておくことが必要です。誰にだって差別や偏見はあります。ないって言ってる人が一番危ないんです。ないわけがない。

動機を自覚する

あとはこの業界に入ってきた動機です。さっき言ったように、僕は人を救いたいという、ある意味単純な動機で入ってきて、患者さんを治したい、治すっていうことで入ってきて、でも発達障害って治らないじゃんって思って。

だから、最初治したいと思って四苦八苦して、それで親と喧嘩をしたりもしましたけど、やっぱりそういう自分の動機とか、それが支援の距離感につながってくるんです。のめり込んじゃう支援者っていうのはいまいちです。悪いとは言いません。のめり込む支援者ってのもありですけど、やっぱり程よい距離感って方が大事なわけです。

支援の浅さ深さを自覚する

だから、自分がどれくらいの距離感なのかとか、支援の浅さとか深さを自覚しておくことが必要です。さっき支援は浅いにこしたことはないって言いました。それは結局、支援を受ける側の力が育ってくことが一番の目標ですから、支援がすごく深くて充実していて、支援を取り去ったら何も残らないなんてことになっちゃうと、本末転倒だからなんです。

支援はできるだけ少なくして、本人の成長・発達・努力・頑張り・工夫ということを妨げないで伸ばしていくことが大事だと思います。支援というのはつけ加えられた異物なんです。最小限であるにこしたことはないし、セルフ・サポートができれば一番良いのです。だから、自分のやっている支援の浅さや深さについても意識をすることが大切なんです。

得意・不得意を自覚する

自分の得意・不得意も自覚しておいた方が良いと思います。最初にもお話ししましたけど「こういう患者さん意外と苦手なんだよな」と認識しておくことが重要です。実は、僕はカナー型の自閉症が一番好きなんです。もうかわいくてかわいくて、何でか知らないけど、多分、自分の中に通じるものがあるんだと思うんです。カナーの子が来ると、もうすぐ遊んで友達になってしまいます。伸びるかどうかは別として。

反対に、思春期の拗ねてそっぽ向いてる男子学生なんかは、あんま得意じゃないんです。突っ張っているだけなんだって、頭では分かっているんです。うまく突っ込んでいければコミュニケーションは取れるし、そのスキルも持ってはいるんですけども、面倒くさいなと思って。曲がってるへそを元に戻すのは、スキルとしてはできますけど、自閉の子のほうが好きかななんて思うんです。だけど、それをちゃんと自分で意識しておかないと、態度に出ますから。今でも出てるんだと思いますけど、自覚していれば、出てたとしても最小限で済みます。何よりも得意・不得意や好き嫌いが支援の足を引っ張らないように、ってことを心がけないと、プロフェッショナルとは言えませんよね。

成功体験から自己理解へ

自分って何だろうって内省するためには、共同作業、成功体験、特性理解、自己理解というようなな、今日お話をしてきたプロセスが必要です。自己理解のためには、自分の成功体験が欠かせないし、共同作業からの支えや気づきも大きいのです。そういうことも含めて、自分について考えてみるということが、役に立つ支援者になるためには不可欠なんじゃないかなと思います。

そもそも、自分の苦手なことを多少なりとも意識している人は、それを他人に向けたこととして
アドバイスすることが多いんです。「面接で大事なことは、人の話をしっかり聞くことだ」なんて
言っている当の本人が一番、人の話を聞いてなかったりします。なので、今日お話ししたいろいろ
なことも、実は、僕が苦手で、治したいと思っていることを言葉にしただけかもしれません。

ともあれ、発達障害のケースは子どもも親も支援者も凸凹がはっきりしていますから、それに対
応していくには、自分の凸凹もしっかり把握しないといけないということになりますね。

あとがき

医学部六年生の秋だったと記憶しています。東大病院の北病棟一階、精神科小児部デイケアーの実習で、カナー型の自閉症の子どもと遊んだのが、意識に残る最初の発達障害との出会いでした。何もわからないまま物言わぬその子と遊び、何だか妙に波長が合って、スタッフの先生に「この子はなかなか初対面の大人にはなつかないんだけどなあ」と珍しがられたのを覚えています。

さて、本書は平成三十年二月四日に開催された、神奈川ＬＤ協会冬のセミナー二〇一八「発達障害を支援するための基本の手引き」の講演録に加筆したものです。ややくだけた話し言葉になっているのは、元の講演でのライブ感を残すためでもあります。

セミナーの開催にあたって、講師からのメッセージには、こう記しました。

発達障害支援に携わるようになってもうすぐ二十年。どうやったら役立つ支援者になれるか、試行錯誤しながらやってきました。

はじめは本を読んで勉強しながら、見よう見まねでした。師匠と出会って、外来の陪席をしたり、スーパーバイズを受けたりするようになりました。十年近く前からは「レジュメのない事例検討会」などで教える立場にもなりました。「教えることは学ぶこと」と言うように、いろいろな支援を知ることで、自身の支援も深まりました。これまでに出会った患者さんやそのご家族からも、多くのことを学んできました。

今回のセミナーでは、これまでに学んできた支援のコツを、できるだけぜんぶお話しします。「初心者への手引き」と題し、どんな職種にも共通する「支援の基本」を、わかりやすくお伝えしたいと思います。基本を振り返ることは、熟練の支援者にとっても役に立つだろうと思います。今回のお話が、多くの支援者にとって、自分の支援について振り返るきっかけになれば幸いです。

本書はこれまでに僕が誰かから、あるいは何らかの書物から学んできたことをまとめたものです。一つ一つに出典があって、すべてを網羅すると膨大になるため、引用文献は省略させていただきました。また、はじめにも記したように、発達支援の技法について述べようとしたものではなく、支援にあたっての心構えのような、これまでの臨床を通じて身につけてきた「自分なりの心覚え」をお話ししたものです。その意味でも、自分の中ではコツという言葉がしっくりきますし、本書の題名にその言葉を使うことができたのは望外の喜びです。

出版にあたっては、企画の段階から岩崎学術出版社の長谷川純さんにひとかたならぬお世話になりました。また、長年にわたって貴重な機会を提供して下さっている神奈川ＬＤ協会の山内信重さん、本文でお名前をあげさせていただいた二人の恩師と先達の先生方、そして何より、これまで関わってきたケースの方々と、横須賀市療育相談センターの同僚の皆さんに、心より御礼を申し上げます。

平成三十年四月九日

広瀬　宏之

著者略歴
広瀬宏之（ひろせ　ひろゆき）
1969年　東京都に生まれる
1995年　東京大学医学部医学科卒業
1995～1996年　東京大学医学部附属病院小児科
1996～1999年　千葉徳洲会病院小児科
1999～2003年　東京大学大学院医学系研究科生殖・発達・加齢医学専攻
2003～2007年　国立成育医療センターこころの診療部発達心理科
2006～2007年　フィラデルフィア小児病院児童精神科
2007～2008年　横須賀市療育相談センター開設準備室長
2008年～　横須賀市療育相談センター所長
2015年～　放送大学客員准教授「精神医学特論」担当

著　書
　『図解　よくわかるアスペルガー症候群』（ナツメ社）
　『「もしかして、アスペルガー？」と思ったら読む本』（永岡書店）
　『「ウチの子、発達障害かも？」と思ったら最初に読む本』（永岡書店）
共　著
　『療育技法マニュアル第18集 発達障害とのかかわり』（小児療育相談センター）
　『新訂 精神医学特論』（放送大学教育振興会）　ほか多数
翻訳・監訳
　S. グリーンスパン『自閉症の DIR 治療プログラム』（創元社）
　S. グリーンスパン『ADHD の子どもを育む』（創元社）
　S. グリーンスパン『こころの病への発達論的アプローチ』（創元社）

発達障害支援のコツ
ISBN978-4-7533-1135-4

著者
広瀬宏之

2018年6月9日　第1刷発行
2021年2月5日　第3刷発行

印刷・製本　(株)太平印刷社

発行所　(株)岩崎学術出版社　〒101-0062 東京都千代田区神田駿河台3-6-1
発行者　杉田 啓三
電話 03(5577)6817　FAX 03(5577)6837